Bibliografische Information der Deutschen Nationalbibliothek: Die Deutsche Nationalbibliothek verzeichnet diese publikation in der Deutschen Nationalbibliografie, deteillierte bibliografische Daten sind im Internet über dnb.dnb.de abrufbar.

© 2022 Klaus-Peter Dreykorn
Herstellung und Verlag:
BoD - Books on Demand, Norderstedt

Grafische Gestaltung: Eva Maria Dreykorn
Bildmaterial BigStockPhoto

ISBN: 9783756844029

Klaus-Peter Dreykorn

Erfolgreich
Reden und Verhandeln!

Das Wort im Umgang mit mir selbst und anderen!

Dieses Buch ist ein praktischer Ratgeber für alle, die Sprache als wirkungsvolles Instrument für ihren Erfolg nutzen. Rhetorik ist ein Spiel mit Worten, Ausdrucksvermögen und kreativer Kommunikation.

<u>Hinweis:</u>

Dieses Buch habe ich in der männlichen Form geschrieben. Das ist keine Diskriminierung des Weiblichen, sondern dient vorwiegend der besseren Lesbarkeit und Textökonomie

Inhaltsverzeichnis

Liebe Leser,

in allen meinen Trainings, Workshops und Seminaren ist mir in den letzten 40 Jahren aufgefallen, dass für Erfolge oder Misserfolge in Gesprächen und Verhandlungen der gekonnte Umgang mit dem gesprochen Wort8 eminent wichtig ist.

Nachdem ich bis heute mehr als 35.000 Teilnehmer trainieren und coachen durfte, habe ich dir in diesem Buch die wesentlichen Bausteine für mehr Erfolg beschrieben.

Mein Buch richtet sich an alle, die privat oder geschäftlich fast täglich Gespräche und Verhandlungen führen oder mit einer Rede präsentieren, überzeugen und motivieren wollen.

Mit meinem Buch weckst du den inneren Navigator in dir!

Ich zeige dir Wege auf, wie du in Gesprächen und Verhandlungen deine Ziele erreichen kannst!

Alle Tipps in meinem Buch sorgen dafür, dass du deine persönlichen und sozialen Fähigkeiten trainierst und ausbaust. Das fördert deine Persönlichkeit, mit der du wesentlich authentischer wirkst.

Vor allem jedoch gilt, dass du dich nicht nur auf das Lesen meines Buches beschränkst, sondern Schritt für Schritt meine Tipps und Anregungen ausprobierst und trainierst! Deshalb bitte ich dich über die folgenden drei Fragen im Voraus nachzudenken:

Warum habe ich mir dieses Buch wirklich gekauft?

Was will ich in meinen Gespräche und Verhandlungen künftig besser machen?

Wie, was und wann kann ich die gegebenen Tipps anwenden und einsetzen?

Ich wünsche dir viel Freude und Erfolg beim Lesen meines Buches!

Klaus-Peter Dreykorn

Was bedeutet erfolgreich reden und verhandeln?

Alles was du sagst sollte wahr sein.

Aber nicht alles, was wahr ist, solltest du auch sagen!

Voltaire

Hand aufs Herz, wer hat nicht nach einem Gespräch, einer Verhandlung oder in einem Meeting das Gefühl gehabt, nicht das richtige Wort zum richtigen Zeitpunkt gefunden zu haben? Vielleicht stimmte die Körperhaltung nicht mit dem gesprochenen Wort überein, oder Ausdrucksvermögen, Gestik und Mimik waren nicht überzeugend, kurz, der Funke sprang nicht über.

Kurzfristig wirst du gebeten, anlässlich der Verabschiedung eines Kollegen ein paar passende Worte zu sprechen. Als Brautvater verabschiedest du deine Tochter in den Ehestand, oder ein runder Geburtstag ist Höhepunkt der Familienfeier.

Dies sind Herausforderungen im privaten wie auch beruflichen Umfeld, denen du mit Herzklopfen und Lampenfieber entgegensiehst. Von dir wird Spontanität und Kreativität erwartet. Die Fähigkeit zu begeistern und gekonnt zu argumentieren führen bei Gesprächen und Verhandlungen schneller zum Erfolg. Ob Geschäftspartner oder Familienangehörige: Sie alle wollen interessiert und nicht gelangweilt werden.
Reden lernt man durch reden, und dazu bedarf es nicht nur fachlicher Unterstützung, sondern vor allem ständigen Trainierens.

Durch das Internet verlieren immer mehr Menschen das Gefühl für Sprache.

Vor allem bei Jugendlichen ist ein deutlicher Rückgang von Sprachempfinden und Ausdrucksvermögen erkennbar. Dies kann sich vor allem bei beruflichen Herausforderungen sehr negativ auswirken.

Reden und Verhandeln müssen wir ständig, mit Partnern, Kunden, Kollegen oder Vorgesetzten. Schon Kinder üben die ersten Verhandlungsgespräche.

"Warum muss ich schon so früh ins Bett?" fragt Lisa ihre Mutter. Nach langer Diskussion und mit Hilfe ihres Vaters darf sie tatsächlich eine halbe Stunde länger aufbleiben.

"Was bekomme ich, wenn ich das Auto wasche?" fragt Peter seinen Vater und übt sein erstes Verhandlungsgespräch. Kinder verlassen sich auf ihre Instinkte und begabte Kinder erreichen teilweise das Unmögliche.

Heute gibt es Verhandlungs- und Redetechniken, die erlernbar sind. In der Kommunikation mit anderen sind immer Leidenschaft, Emotionen, Sympathien und Angst im Spiel. Wer die Persönlichkeit seines Gesprächspartners besser erfassen kann hat immer die besseren Karten.

Tritt professionell und wirkungsvoll auf!

Tritt fest auf,
mach's Maul auf,
hör bald auf!

Martin Luther

Das Zitat „Für den ersten Eindruck gibt es keine zweite Chance!" kennst du bestimmt. Doch hast du dein Auftreten schon einmal selbstkritisch betrachtet?

Wie viele Menschen aus deinem beruflichen oder sozialen Umfeld haben dich bereits gefragt: „Wie wirke ich auf Sie?" Weil du solch eine Frage vielleicht emotional ablehnst, biete ich dir einige Fragen an, die du deinen Gesprächspartnern einfach einmal stellst, wenn sich die Gelegenheit ergibt.

Hierbei ist es wichtig, dass du Menschen auswählst, die nicht zu deinem persönlichen Fan-Club gehören, und vor allem, mit denen du per Sie bist. Hier einige spannende Fragen für dich:

„Welchen Eindruck haben Sie von mir?"

„Was ärgert Sie bei anderen Menschen am meisten?"

„Wenn Sie machen könnten, was Sie wollten, was würden Sie tun?

„Mit welcher historischen Persönlichkeit hätten Sie gerne mal ein Gespräch geführt?"

„In welche Länder reisen Sie besonders gern (und warum)?"

„Was könnte ich von Ihnen noch lernen?"

„Was war bisher Ihr schönstes Erlebnis im Leben?"

Offen gesagt, gehört schon ein wenig Mut dazu diese Fragen zu stellen. Doch wenn nicht jetzt, wann dann? Probiere es aus! Du wirst staunen!

> *Rede einfach,*
> *rede langsam,*
> *und sag' nicht zu viel!*
>
> John Wayne

Neun entscheidende Tipps für dein professionelles Auftreten:

1. Schaue deinem Partner in die Augen!

In Talkshows kannst du immer wieder beobachten, dass Gesprächspartner manchmal Fragen beantworten, ohne dabei den Fragesteller anzuschauen. Das ist nicht nur schlechtes Benehmen, sondern verrät oft innere Unsicherheiten, obwohl es vielleicht auch nachdenkend auf uns wirken mag.

Altbundeskanzler Helmut Schmidt löste das sehr gut. Bei Fragen antwortete er oft: „Lassen Sie mich nachdenken!", dann blickt er einige Sekunden weg oder vor sich hin. Danach schaut er den Fragesteller an, und antwortet.

Der Volksmund sagt nicht von ungefähr: „Augen sind der Spiegel der Seele!" Wenn du also deine Gesprächspartner nicht anschaust, kann das bedeuten, dass deine Seele in diesem Moment nicht ‚anwesend' ist. Anderen in die Augen schauen bedeutet nicht fixieren! Entscheidend ist ein ungezwungener Augenkontakt.

Das gilt auch, wenn du als Redner vor einem Publikum stehst: Lasse deinen Blick zwanglos zu den Zuhörern schweifen.

Konzentriere dich ab und zu für 1 bis 2 Sekunden auf die Pupille deines Gesprächspartners. Das fördert die bewusste Wahrnehmung!

Wenn du das nicht tust, wird dir dein Partner unbewusst ein mögliches Desinteresse oder Unsicherheit unterstellen.

2. Lächle!

Das verleiht dir eine sympathische Ausstrahlung. Ein Lächeln wirkt freundlich, und sorgt für einen offenen Augenkontakt.

Du signalisierst Interesse und strahlst Selbstsicherheit aus. Nur eines ist wichtig: Es darf kein aufgesetztes Lächeln sein!

Was bedeutet das?

Ein von innen kommendes Lächeln erkennst du daran, dass mit dem ganzen Gesicht gelacht wird:

Hochgezogene Mundwinkel und kleine Lach-Fältchen um die Augen herum, sind deine „Lächel-

Begleiter". Das sind sichere Zeichen für ein aufrichtiges und offenes Lächeln!

Ein aufrichtiges, bejahendes Lächeln fördert deine Wirkung, unterstützt deine Aussagen, und stimuliert beide Seiten positiv. Ein Lächeln gibt deinem Partner bewusste Anerkennung! Das ist wichtig, damit dein Lächeln möglicherweise nicht als Unsicherheit, Belachen oder gar als Auslachen empfunden wird.

3. Nenne öfter den Namen deines Gesprächspartners!

Jeder Mensch hört gerne seinen Namen. Der Name ist eine hundertprozentige Identifikation.

Deshalb lege großen Wert darauf, dass du den Namen deines Gesprächspartners richtig aussprichst und schreibst. Das ist gerade bei komplizierten und schwierigen Namen wichtig. Denke daran: Mit dem Namen verbindet sich die Würdigung der Persönlichkeit deines Partners!

4. Reiche deinem Partner die Hand!

In unserem Kulturkreis ist die Hand die einzig verbliebene und offiziell erlaubte   Form des Hautkontaktes in der offiziellen Begrüßung eines Menschen.

Andere Kulturen haben unterschiedliche Begrüßungs- und/oder Verabschiedungsrituale.

Das ‚sich-die-Hand-geben' ist gleichzeitig ein kommunikativer Brückenbauer zu deinem Gesprächspartner. Achte auf einen spürbaren Händedruck (leichter Gegendruck), und darauf, dass deine Hand ‚trocken' ist.

Diese ersten vier Tipps stellen den **professionellen kommunikativen Regelkreis** für Begrüßungen und Verabschiedungen dar!

5. Tritt sicher auf!

Egal ob du deinem Gesprächspartner gegenüber stehst oder sitzt. Die richtige Körperhaltung beeinflusst unbewusst deinen Partner, und untermauert besonders beruflich deine Fachkompetenz.

Wenn du stehend agierst, stelle dich bitte so vor deinen Partner, dass deine Füße mit deinem Beckenrand abschließen. Also etwas breitbeinig, mit beiden Füßen fest auf dem Boden. Nichts ist schlimmer als vor seinem Gesprächspartner ‚herum zu tänzeln' (ständige Gewichtsverlagerung des Körpers von einem Bein auf das andere). Wenn dann noch die Hände auf dem Rücken liegen, oder in den Hosentaschen verschwinden, oder die Arme in die Hüften gestemmt werden, deutet das auf Unsicherheiten oder auch schlechtes Benehmen hin.

Wenn du deinem Partner gegenüber sitzt, ist es wichtig, dass dein Po stets die Rückenlehne des Stuhls berührt.

Deine Hände und deine Unterarme liegen voll und ganz auf dem Tisch. Das dynamisiert deine Körperhaltung, zeigt Interesse, und sorgt dafür, dass du deinem Partner eine aufmerksame Haltung entgegenbringst. Auf keinen Fall sollten deine Hände unter der Tischkante auf deinem Schoß liegen. Das wirkt unterwürfig und jämmerlich.

Wenn du deine Beine übereinander kreuzt, achte bitte darauf, dass die Kniehöhe in keinem Fall die Tischhöhe übersteigt. Das ist zu locker, unhöflich, und schließt auf schlechtes Benehmen. Merke dir einfach: Tischkante und Kniehöhe sind eine Ebene!

6. Wechsle öfter deine Stimmlage!

Die meisten Menschen haben die Macht ihrer Stimme nie trainiert. Übe und nutze die sechs Bestandteile für eine wesentlich bessere sprachliche Wirkung:

Die **impulsive Bandbreite** deiner Stimme: schnell - hoch - laut

Die **intensive Bandbreite** deiner Stimme: langsam - tief - leise

Dein Wechselspiel zwischen laut und leise ist entscheidend. Beachte bitte, dass laut nicht schreien oder brüllen, und leise nicht flüstern bedeutet.

7. Aktiviere dich und andere mit deiner Gestik!

Sind dir schon Menschen aufgefallen, die nicht wissen, wohin mit den Händen? Die einen haben ihre Hände hinter dem Rücken, die anderen in den Hosentaschen, die nächsten vor dem Genitalbereich gekreuzt, oder lassen beide Arme herunter hängen. Am Negativsten wirkt jedoch, wenn eine Person ihre Arme und Hände in die Hüften stemmt.

Gestik ist die Unterstreichung des gesprochenen Wortes mit Armen und Händen. Dabei sollte sich deine Gestik stets im Bauchbereich zeigen, auf keinen Fall unter der Gürtellinie oder oberhalb der Brust. Manche Menschen pflegen gewisse Gesten auch als ,Markenzeichen': Brille auf und ab setzen, Haarsträhnen aus der Stirn streifen, u. a. m

Eines solltest du auf keinen Fall tun: Mit dem Zeigefinger auf Andere deuten.

Denke daran, dass bei dieser Gestik stets drei Finger auf dich selbst zeigen! Gestik beinhaltet auch bejahendes oder verneinendes Kopfnicken. Hierdurch wird die nonverbale Empathie des Verstärkens deutlich.

Wenn du deinem Gesprächspartner gegenüber stehst, ist es eine gute Grundhaltung deiner Gestik, dass du beide Hände im Bauchbereich deines Körpers offen und ruhend ineinander legst. Hierdurch sind deine Unterarme angewinkelt, und deine Hände stets zum Spurt nach vorne bereit. Auf keinen Fall solltest du deinen Zeigefinger einsetzen!

8. Dein gepflegtes Äußere muss selbstverständlich sein!

Kleidung, Frisuren, Make Up, o. ä. sind seit jeher Geschmackssache. Ich stimme dir zu, dass es z. B. nicht gerade die älteste Jeans sein muss, mit der du auch den Rasen mähst, oder mit deinem Hund Gassi gehst.

Was ist mit gepflegtem Aussehen gemeint? Es sind nur wenige Kriterien auf die du achten solltest. So sind bei den Herren beispielsweise die Pflege (positiv) oder Nichtpflege (negativ) der **Fingernägel** gemeint.

Bei Männer und Frauen sind für die gesamte Ausstrahlungskraft die **Zähne** und deren Pflege entscheidend.

Entscheidend für dein Äußeres ist der Begriff „Psycho-Hygiene"! Das bedeutet: Deine innere Haltung soll deiner äußeren Wirkung entsprechen!

Das sorgt dafür, dass du auf deine Gesprächspartner authentisch wirkst, vielmehr noch: dass du authentisch bist!

9. Praktiziere hohe Empathie!

In Wikipedia kannst du lesen: „Empathie mit einem anderen Menschen bedeutet, sich in dessen Lage zu versetzen und mit ihm zu fühlen, sich darüber klar zu werden, was der andere fühlen könnte, sowie die eigenen Gefühle zu erkennen und angemessen zu reagieren."

Empathie ist die höchste Form von Identifikation mit deinem Gesprächs- und Verhandlungspartner!

Diese höchste Form der Identifikation erreichst du einzig und allein durch FRAGEN stellen!

Hier gilt: **„Wer fragt, der führt!"**

Damit du von Anfang an auf Empathie-Frequenz schalten kannst, empfehle ich dir zum Beispiel folgende empathischen Frageformulierungen:

"Was ist der Grund, dass Sie ....?"

„Welche Vorteile erkennen Sie ....?"

„Warum entscheiden Sie sich für ....?"

„Wie wollen wir gemeinsam vorgehen?"

„Wann starten wir unsere ....?"

„Wer ist hierfür verantwortlich?"

„Wen können wir für diese Aktion gewinnen?

Dein persönliches Auftreten, und auch dein Erscheinungsbild, sind wichtige, ja sogar oft entscheidende Parameter, wie du dich gegenüber deinem Gesprächspartner verhältst, und dann gerade in deinem ersten Eindruck von ihm gesehen und oft auch beurteilt wirst.

*Es genügt nicht
zur Sache zu reden,
man muss
zu den Menschen reden.*

Stanislaw Lec

Gewinne mit Deiner Körpersprache!

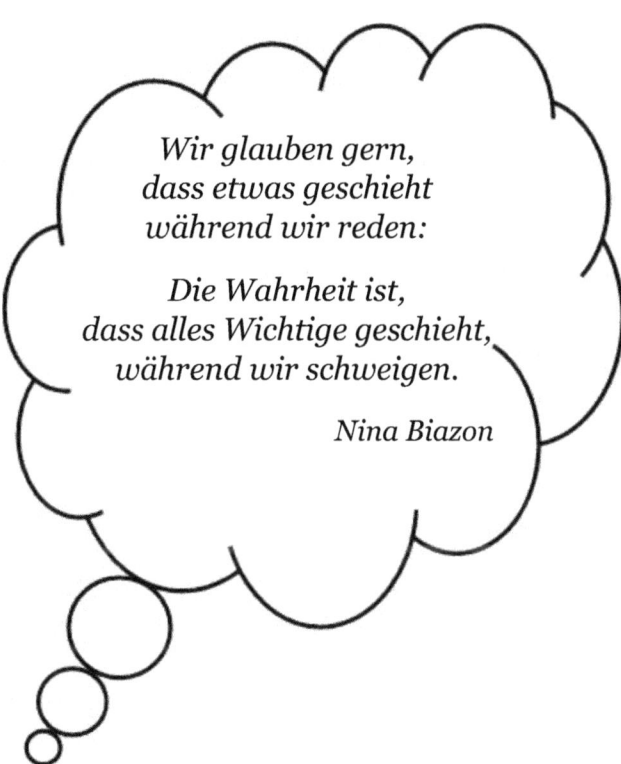

Wir glauben gern,
dass etwas geschieht
während wir reden:

Die Wahrheit ist,
dass alles Wichtige geschieht,
während wir schweigen.

Nina Biazon

Die Wirkung deiner Persönlichkeit wird von drei Faktoren bestimmt, sagt die Verhaltensforschung:

ca. 60 % **Körpersprache** (nonverbale + visuelle Kommunikation)

ca. 30 % **Ausdrucksvermögen** (auditive Kommunikation)

ca. 10 % **inhaltlicher Bezug.** (sachliche Kommunikation)

Erstaunlich, welche Priorität unsere Körpersprache genießt.

Du kennst das folgende Zitat:

"Für den ersten Eindruck gibt es keine zweite Chance!"

Und das ist richtig!

Schließe einfach mal die Augen. O.K.? Jetzt denke bitte an einen Menschen, den du heute oder gestern zum ersten Mal gesehen und kennen gelernt hast.

Was hast du in den ersten Sekunden wahrgenommen?

Es war:

der Gang,

das äußere Erscheinungsbild,

die Mimik,

die Gestik,

der gezielte Augenkontakt,

die Körperhaltung

Merkst du etwas? Dein neuer Kontakt hat noch überhaupt kein Wort gesprochen, und dennoch hast du dir ein „Bild" von ihm oder ihr gemacht.

Es ist ein ‚Musterungs-Prozess' und ein „Bild", das oft lange Zeit in dir ist. Wenn du jetzt denkst, dass du deinen ersten Eindruck manipulieren kannst, rate ich dir, dieses nicht zu tun! Jegliche Art, deine Körpersprache fälschen zu wollen, wird dir auf Dauer nicht gelingen.

Die Körpersprache kann nicht lügen!

Spätestens beim zweiten Meeting oder Date kommt die Wahrheit ans Licht. Bleibe einfach du selbst, und damit authentisch! Denn: **„Was du denkst, strahlt deine Körpersprache aus!"**

Hier immer wiederkehrende Fragen von meinen Coachees und Trainingsteilnehmern zur Körpersprache:

„Wie verhalte ich mich, wenn ich jemanden kennen lerne, z.B. in der Disco, im Café, im Theater, im Restaurant, und so manches andere mehr."
Wie bereits gesagt: Lächle! Das verleiht dir eine sympathische Ausstrahlung und einen ersten positiven Eindruck.

„Wie erkenne ich, ob der oder die andere wirklich an mir interessiert ist?"
Bei Interesse wird er oder sie dir oft direkt in die Augen schauen, wird aufrichtig lächeln und mit offenen Händen gestikulieren.

Er oder sie wird außer deiner Person ringsherum nichts anderes wahrnehmen!

Bei weniger, oder nur oberflächlichem Interesse an deiner Person:

wird er oder sie die Lippen zusammenpressen,

ist ein schneller Lidschlag erkennbar, zeigt er oder sie öfter eine geschlossene Hand,

sind seine oder ihre Hand- oder Armbewegungen fahrig,

starrt er oder sie unentwegt bestimmte Punkte deines Körpers an,

schaut er oder sie während des Gespräches häufiger

weg, und sucht mit den Augen nach anderen möglichen Kontakten.

Wer sich dir gegenüber so verhält, erweist dir keinen Respekt oder Wertschätzung. Du solltest dir als „Objekt" zu schade sein.

„Was mache ich, wenn mein/e Partner/in mit seiner/ihrer Körpersprache Ablehnung signalisiert?"

Bei ablehnenden körpersprachlichen Signalen, solltest du deinem Partner mehr Alternativen bieten. Finde heraus, was ihm nicht gefällt. Stellst du jedoch fest, dass dein Partner bei seiner ablehnenden Körperhaltung bleibt, gibt es in dieser Situation wahrscheinlich keine gemeinsame Ebene. Sitzt dein Partner ‚auf dem Sprung', oder zeigt dir gar die ‚kalte Schulter', dann solltest du ihn gehen lassen.

„Können Frauen körpersprachliche Signale und Botschaften besser deuten?"

Unabhängig davon, dass Frauen und Männer unterschiedliche Fähigkeiten und Begabungen haben, setzen Frauen mehr Empathie ein. Frauen haben ein besseres Gefühl für körpersprachliche Aussagen. Frauen nehmen aufgrund des doppelten X-Chromosoms z. B. Farben differenzierter wahr als Männer.

Frauen haben ein breiteres Sehfeld, und einen ausgeprägten Urinstinkt Eine Frau erhält z. B. mehr nonverbale Aussagen und Informationen ihrer heranwachsenden Kinder, und entwickelt mehr Instinkt für das, was in ihnen vorgeht.

„Welche Signale meiner Körpersprache aktiviere ich, um das Interesse an mir zu erhöhen?"

Was du denkst, wird deine Körpersprache ausdrücken und sichtbar machen! Je besser du ‚drauf' bist, desto eher wirst du den Partner in deinen Bann ziehen. Positive Gedanken strahlen automatisch auf den Partner über. Verstärke dein selbstbewusstes Auftreten, in dem du ‚Spannung' in deinen Körper bringst:

Verteile dein Gewicht gleichmäßig auf beide Beine. Du stehst somit gerade und aufrecht.

Ziehe leicht deine Schultern zurück. Das wirkt lust- und kraftvoll. Hängende Schultern bewirken das Gegenteil.

Lege deine Hände locker ineinander in der Höhe deines Bauchnabels.

Jetzt kannst du jederzeit mit deinen Händen gestikulieren, wenn du etwas erklären oder argumentieren willst.

Blickkontakt und Lächeln auf keinen Fall vergessen.

„Welche nonverbalen und verbalen Signale zeigt ein Mann beim Flirten?"

Als Frau kannst du beobachten, dass der Mann oft in deine Richtung schaut.

Er sucht dabei den Blickkontakt zu dir.

Er wird dich anlächeln und dabei nervös hin und her ‚tänzeln'.

Natürlich wird er versuchen, öfter, und selbstverständlich ‚rein zufällig' deine Hand oder deinen Arm zu berühren.

Dadurch, dass er dich kennen lernen will, wird er dir persönliche Fragen stellen, z. B. was du magst oder ablehnst. Dabei werden seine Pupillen erweitert sein.

Er wird dir Komplimente machen, und vieles erzählen, um dich zu beeindrucken.

„Welche nonverbalen und verbalen Signale zeigt eine Frau beim Flirten?"

Als Mann kannst du beobachten, dass die Frau oft in deine Richtung schaut.

Sie wird dich dabei mit ihren Blicken ‚mustern'.

Sie wird sich öfter kontrollieren, ob alles sitzt.

Sie wird dir offen gegenüber sitzen, ohne ihre Arme zu verschränken.

Ganz ‚zufällig' und natürlich ‚völlig unabsichtlich' wird sie zu dir Körperkontakt aufnehmen (Berührungen).

Dass sie leicht nervös ist, erkennst du daran, dass sie mit ihren Haaren, ihrem Schmuck oder ihrer Kleidung ‚spielt'

Sie wird dich mit ihrem leicht zur Seite geneigten Kopf anlächeln, und öfter auch anblinzeln.

Dir wird auffallen, dass ihre Haut leicht gerötet ist, ihre Pupillen erweitert sind, und ihre Stimme höher klingt als sonst.

Sie wird dir ‚gespannt' zuhören, mit dir lachen, und dir natürlich auch persönliche Fragen stellen.

Gedanken und Gefühle in der Körpersprache.

Gedanken und Einstellungen werden in viel stärkerem Maße von Gefühlen beeinflusst, als wir es wahrhaben wollen. Gefühle drücken sich sehr stark in unserer Körpersprache aus.

Was und wie wir denken, bestimmt zunächst das Gefühl, und dann erst unser Handeln.

Jedes Gespräch, jede Verhandlung, und letztlich auch jede Entscheidung wird privat wie beruflich von unserer Körpersprache gesteuert.

Deine eigenen Gedanken und Gefühle sind Voraussetzung für eine magische Atmosphäre deiner positiven nonverbalen und verbalen Kommunikations-Instrumente.

Kurz gefasste Interpretationen der Körpersprache

Was zeigen wir, indem wir die Hände falten oder uns am Kinn reiben? Es gibt unendlich viele Deutungen. Die Wahrheit liegt meist in der Mitte. Hier einige der häufigsten Gesten und deren allgemeine Interpretationen:

Kopfbewegungen

Kopf senken:
sich entschuldigen, unsicher, niedergeschlagen

Direkter Blickkontakt:
sicher, interessiert, offen

Blickkontakt wird vermieden:
unsicher, vielleicht sogar lügen

Stirn runzeln:
zweifeln, konzentrieren, aufmerksam sein

Bewegungen des Oberkörpers

Oberkörper vorlehnen:
interessiert

Oberkörper zurücklehnen:
ablehnend, desinteressiert, selbstzufrieden

Armbewegungen

Arme vor der Brust verschränkt:
skeptisch, desinteressiert, ablehnend

Weite, offene Armbewegungen:
sicher, überzeugt

Verhaltene Armbewegungen:
unsicher, gehemmt

Handbewegungen

Hände ballen:
zornig, entschlossen

Hände um Gegenstand (z.B. Stuhllehne):
verkrampft, unsicher, verhalten

Hände in die Hüften gestemmt:
entrüstet, überheblich

Beinbewegungen

Beine oft bewegen:
unruhig, nervös, aufgeregt

KÖRPERSPRACHE
ist wie
GESPROCHENE SPRACHE,
aber sie
KANN NICHT LÜGEN.

Sammy Molcho

Steigere dein Ausdrucksvermögen!

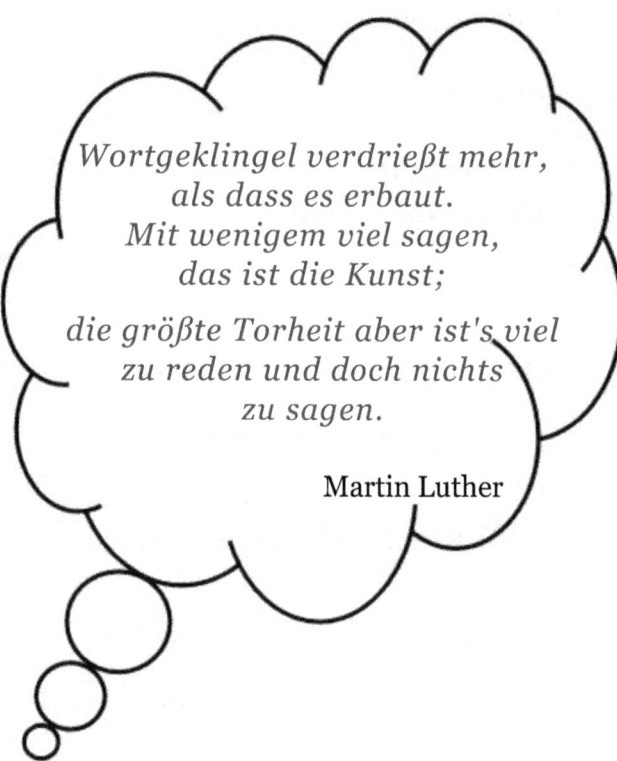

Wortgeklingel verdrießt mehr,
als dass es erbaut.
Mit wenigem viel sagen,
das ist die Kunst;

die größte Torheit aber ist's viel
zu reden und doch nichts
zu sagen.

Martin Luther

Gemeint ist nicht, dass du klar und deutlich sprichst. Es kommt auf die Wahl deiner Worte an. Deshalb nenne ich das auch **„Magie der Worte"**! Generell drücken sich Menschen gut aus, die bereits in ihrer Jugend viel gelesen haben. Nur das aktive Lesen erweitert ständig den eigenen Wortschatz!

Hier vier sehr wirkungsvolle Tipps für dich:

1. Verbinde deine Aussagen, wann immer es geht, mit den magischen Worten „Bitte" und „Danke

2. Setze stets ein Adjektiv vor ein Substantiv!
   Beispiele:
   Schmuck - besser: wertvoller Schmuck.
   Langeweile - besser: gnadenlose Langeweile
   Fortbildung - besser: erfolgsorientierte Fortbildung

3. Stelle viele Fragen!
   Nicht nur reden, meinen, behaupten!
   Fragen bekunden Interesse an der Person, oder an dem Thema!

4. Erarbeite dir ein Kompositum, damit du mit deinem Ausdrucksvermögen und deinen Formulierungen unschlagbar wirst!

Das Schnellformulierungs-System

Unsere deutsche Sprache bietet eine außergewöhnliche Möglichkeit: Jedes beliebige Substantiv kann mit anderen Hauptworten und einem Adjektiv verbunden werden, und schafft somit einen neuen Begriff.

Linguisten sprechen vom KOMPOSITUM.

Faszinierend ist dabei, dass ein Kompositum immer in einem logischen und erklärbaren Zusammenhang steht. Dieses „Schnellformulierungs-System" verleiht Ihnen eine sprachliche, geprägte Autorität.

Mein Beispiel zeigt dir, dass jedes Adjektiv und Substantiv miteinander verbunden werden kann, und immer in einem erklärbaren Zusammenhang verwendet werden kann. Viele meiner Workshop-Teilnehmer haben sich direkt ans Werk gemacht, und ihr eigenes Kompositum erarbeitet.

Du hast die Bedeutung dieser „Ausdrucks-Wunderwaffe" sofort erkannt?

Dieses Kompositum hat eine Führungskraft eines großen Unternehmens erarbeitet:

konzentrierte	Management-	-struktur
integrierte	Organisations-	-flexibilität
psychologische	Identifikations-	-ebene
systematisierte	Markt-	-tendenz
progressive	Internet-	-programm
suggestive	Fluktuations-	-konzeption
zielorientierte	B2B-	-phase
globale	Wachstums-	-potenz
qualifizierte	Marketing-	-problematik
erfolgreiche	Team-	-srategie

Hieraus lassen sich hunderte neuer Wortverknüpfungen kreieren. Beispiele:

konzentrierte Managementstrategie

zielorientierte Marktflexibilität

systematisierte Marketingstruktur

progressive Wachstumsphase

usw. usw.

KOMPOSITA (Wortverknüpfungen)

erregen höhere Aufmerksamkeit,

sorgen für aktives Zuhören,

vermitteln Sachverhalte mit mehr Effizienz,

gestalten Sprache lebendig, packend, erfrischend und begeisternd.

Es entsteht ein unglaubliches wortreiches Ausdrucksvermögen, was du selbst leicht erarbeiten kannst. Tu es!

Im Laufe der Zeit solltest du Adjektive und Substantive stets neu, dem Zeitgeist entsprechend überarbeiten. Im Anhang findest du genügend Adjektive von A bis Z.

Das Geheimnis in der Anwendung deines Kompositums wirst du durch positive Feedbacks sehr schnell selbst entdecken

Gut gesagt, ist halb gewonnen!

Das erreichen wir durch ‚magische' Worte, die deine Sprache im Denken und Handeln positiv beeinflusst, und entsprechend auf deine Gesprächspartner wirkt. Hier einige wichtige Beispiele:

Statt **aber** oder **trotzdem** - Sage **und**
"Das ist gut, aber Sie sollten..." - "Das ist gut und gerade deshalb..."
Ich verstehe Sie, trotzdem ist es besser...- "Ich verstehe Sie und schlage vor..."

„Aber" + „Trotzdem" behindert und zerstört die Kommunikation.

Diese Worte bauen eine psychologische Mauer auf, und sagen aus, dass es dir egal ist, welche Wünsche, Erwartungen, Zweifel oder Fragen dein Gesprächspartner hat.

Statt **dagegen** oder **gegen** - Sage *dafür* oder *für*
"Was kann ich dagegen tun?" - Was kann ich dafür tun, dass---"
"Ich muss etwas gegen meine Nervosität tun."- Ich werde etwas für meine Ausgeglichenheit tun."

Statt **ehrlich gesagt** - Sage **offen gesagt**
„Ehrlich gesagt" klingt, als wäre Ehrlichkeit bei Dir eine große Ausnahme.

Statt **erst** - Sage **bereits**
"Ich habe erst angefangen," - "Ich habe bereits an-
gefangen,"
"Wir sind erst..." - "Wir sind bereits..."
Ein „bereits" macht aus wenig mehr!

Statt **man** - Sage **ich, du, er, sie,**
"Man könnte in jedem Fall..." - "Sie können in je-
dem Fall..."
"Man muss natürlich darauf achten..."- Achte bitte
darauf, dass..."

Wenn du oft in der „man-Form" sprichst, fühlt sich
dein Gesprächspartner nicht persönlich angespro-
chen, und kann dir hier und da auch Unsicherheiten
unterstellen.

Die sie-, ich, du oder wir-Form verbindet, erzeugt
hohe Empathie, und stellt deinen Gesprächspartner
in den Vordergrund oder Mittelpunkt.

Sehr wichtig für dein wirkungsvolles Ausdrucksvermögen ist ebenfalls, dass du Konjunktive vermei-
dest:

Statt **sollte, könnte, müsste** - Sage sinngemäß:
ich will. Ich kann. Ich werde.

Dass sich in deinem Ausdrucksvermögen viel Empathie widerspiegeln soll, ist dir bereits bewusst. Hier für dich einige positive und empathische Formulierungen, die dir in deinen privaten und beruflichen Gesprächen helfen werden:

Das verstehe ich.

Hierin stimme ich Ihnen voll und ganz zu.

An Ihrer Stelle würde ich mich genauso ärgern.

Aus Ihrer Sicht haben Sie natürlich recht, und gerade deshalb ......

Das hört sich sehr interessant an. Offen gesagt, es überrascht mich, ...

Ich finde es toll, wie Sie ......

Ich höre Ihnen als Profi gerne zu, weil .....

Danke, dass ich von Ihnen wieder etwas lernen konnte.

Ich wünsche mir, dass .....

Was können wir gemeinsam tun, damit .....

Beobachten Sie auch, dass ......

Ich freue mich, wenn ......

Es liegt mir am Herzen, Ihnen für .... zu danken.

Herzlichen Dank, dass Sie mit uns gemeinsam ....

Ich bin überzeugt, dass wir beide gemeinsam...... ...

Ich danke Ihnen für Ihr Vertrauen, weil .....

Ihr Erfolg motiviert mich sehr. Was wollen wir jetzt loslegen?

Ich kenne wenige Menschen, die sich so engagieren wie Sie.

Ich sehe hier eine große Chance für Sie.

Es macht immer wieder Spaß, mit Ihnen zu reden.

Ich helfe Ihnen gerne bei der Lösung Ihrer Aufgaben.

Ich bitte Sie um Verständnis dafür, dass .....

Gerade das ist der Grund, warum ich .....

Vermeide auf jeden Fall DU-Botschaften!

Stelle dir einmal vor, jemand sagt folgende Sätze zu dir:

„Lass das sein..."- **Befehlen**
„Wenn Du so weiter machst, ..."- **Drohen**

„So wie Du kann man …"- **Belehren**

„Du bist …"- **Urteilen**
„Warum musst Du immer …"- **Verhören**

Solche DU-Botschaften werden von deinen Gesprächspartnern als Herabsetzung oder Ablehnung empfunden, die immer „Vergeltungsmaßnahmen" provozieren!

DU-Botschaften dringen meist negativ in das Verhalten, Fühlen, Denken und Handeln deines Gesprächspartners ein.

DU-Botschaften sind für die oft dahinter stehenden Wünsche, Ziele, Sorgen oder Probleme deines Gesprächspartners nicht fördernd und nicht hilfreich.

Du wirst als rechthaberischer Besserwisser oder als aufdringlicher Lehrmeister empfunden!

Eine physische und / oder psychische Ablehnung deiner Person ist meist die Folge.

Sprich per ICH, und werde ab sofort ICH-Botschafter!

Dein Ziel muss sein, mit Menschen offen, fair und direkt umzugehen. Eine gute ICH-Botschaft ist realitätsbezogen und stellt Tatsachen in den Vordergrund. Deine ICH-Botschaften beschreiben das Verhalten deines Gesprächspartners, und dessen Ziele, Wünsche, Sorgen und Probleme wesentlich besser, und das ohne jegliche Wertung!

Hier für Dich einige „**ICH-Botschaften**", die dir zeigen, dass es auch anders geht, als mögliche Herabsetzungen oder Ablehnungen zu provozieren:

„Ich habe Sie die letzten beiden Male vermisst. Gab es einen besonderen Grund?"
„Ich ärgere mich, dass Sie gefehlt haben."
„Ich kann ohne Sie die Präsentation nicht planen!"
„Ich bin neugierig auf Ihre Lösungsvorschläge!"

Mit zunehmender Übung werden deine ICH-Botschaften immer natürlicher und dir in ‚Fleisch + Blut' übergehen. **Das erhöht deine Persönlichkeitswirkung und steigert deine Autorität!**

Sprachmuster für deine künftigen ICH-Botschaften:

Ich wünsche mir von Ihnen, ...
Ich freue mich, ...

Ich denke, ...
Ich entdecke, ...
Ich empfinde, ...
Ich möchte, ...
Ich möchte gerne mit Ihnen ......
Ich ärgere mich, ...
Ich will ......
Ich kann ......
Ich werde ......
Ich freue mich, ...
Mir fällt auf, ...
Mich stört, ...

*Es ist nicht genug,
dass man rede,
man muss auch
richtig reden.*

William Shakespeare

„Botschaften im Ich und DU"

Interaktionsspiel:

Ziele:

Fehlende Kommunikation ist die häufigste Ursache für die eigenen Probleme, Sorgen, Schwierigkeiten, Ziele und Wünsche. Die häufig vorkommende Gefahr für eine authentische Begegnung ist die Verleugnung.

Dabei kann ich das eigene ICH, das DU des Partners oder die Situation verleugnen. Wenn ich mein eigenes ICH ignoriere, das DU des anderen nicht ernst nehme, oder die Realität der Situation bestreite, kann ich dem Anderen nicht begegnen.

Mit diesem Spiel lernst du Verleugnungsprozessen vorzubeugen, beispielsweise:

Das eigene ICH,

wenn ich meinen eigenen Gefühlen misstraue, sie nicht ausdrücke, und stattdessen einen sozial erwünschten Spruch sage.Ich sage dann:

„Ich finde Dich nett.", wenn ich in Wirklichkeit gerade wütend auf ihn bin.

Das DU des Partners,

wenn ich ihn bevormunde, in dem ich ihn interpretiere. Ich sage dann: „Du verstehst mich nicht.", statt: *„Ich fühle mich von Dir nicht verstanden."*

Die SITUATION

in der ich bin, wenn ich in die Vergangenheit oder Zukunft ausweiche. Ich sage dann: *„Du machst Dich immer über mich lustig."*, statt: *„Ich ärgere mich jetzt sehr, dass Du über mich lachst."*

Gruppengröße:
Max. 12 Personen.

Zeit:
Pro Teilnehmer ca. 5 - 7 Minuten.Danach ca. 30 Minuten für die Auswertung im Plenum.

Spielmaterial:
Eine Augenbinde.
Genügend Raum mit der erforderlichen Anzahl von Stühlen, die im Kreis stehen, wobei ein Stuhl in der Mitte des Kreises steht.

Spielanleitung:
Dieses Spiel bietet jedem von Euch die Möglichkeit emotionale Wirkungen und Reaktionen von Ich- und Du-Botschaften kennen zu lernen.

Jedem einzelnen von Euch vermittelt dieses Spiel ein höheres Maß an Selbstakzeptanz, indem ihr Euch die intellektuellen und emotionalen Ressourcen bewusster vor Augen führt.

Setzt Euch bitte in den Kreis. Der erste Gruppenteilnehmer sitzt in der Mitte des Kreises, und hat die Augenbinde auf, und schweigt so lange, bis er wieder im Kreis sitzt.

Jedes Gruppenmitglied gibt dem Teilnehmer in der Mitte ausschließlich eine ICH-Botschaft. Es darf nur ein Satz sein, mit den hier zur Auswahl stehenden Satzanfängen:

Ich denke ...

Ich wünsche ...

Ich fühle ...

Ich spüre

Ich meine ...

Ich will....

Danach folgt die nächste Runde, ausschließlich mit einer DU-Botschaft. Es darf nur ein Satz sein, mit den hier zur Auswahl stehenden Satzanfängen:

Du solltest ...

Du musst ...

Du hast ...

Du bist ...

Du kannst ...
Danach kommt der nächste Teilnehmer an die Reihe, bis jedes Gruppenmitglied ICH- und DU-Botschaften erhalten hat.

Auswertungsgesichtspunkte:

Wie habe ich mich gefühlt?

Welche ICH-Botschaft hat mich emotional stark berührt?

Welche DU-Botschaft ging mir emotional stark unter die Haut?

Was ist mir in der Anwendung von ICH- und DU-

Botschaften bewusst geworden?

Was habe ich gelernt?

Was will ich schnellstens ändern?

Erfahrungen:

Ein spannendes Spiel, das sich besonders durch Selbst- und Fremdwahrnehmung auszeichnet.

> *Dass wir miteinander reden können, macht uns zu Menschen.*
>
> Karl Jaspers

Setze die Magie des Fragens ein!

Wer fragt, ist ein Narr
für eine Minute.

Wer nicht fragt, ist ein
Narr sein Leben lang.

Konfuzius

Hast du dir schon einmal überlegt, warum du generell mehr Fragen stellen solltest, statt vorwiegend zu reden, zu meinen, zu sagen, zu behaupten?

Es gibt neun ganz klare Gründe, warum du mehr fragen sollst:

- Durch Fragen stärkst du deine persönliche Beziehung zu deinem Gesprächspartner.

- Fragen vermitteln deinem Gesprächspartner, dass seine Meinung wichtig ist.

- Gute und positive Fragen werden kaum als Angriffe aufgefasst.

- Offene Fragen öffnen schweigsamere (introvertierte) Gesprächspartner.

- Fragen geben dir die Möglichkeit Informationen und Aussagen deines Gesprächspartners überprüfen zu können, Missverständnisse zu vermeiden, und festzustellen, ob deine Argumente und Aussagen richtig angekommen sind.

- Geschicktes Fragen ‚zwingt' deinen Gesprächspartner intensiver nachzudenken

- Gekonnte Fragen helfen deinem Gesprächspartner ‚eingefahrene Gleise' verlassen zu können.

- Fragen öffnen deinem Gesprächspartner. Er wird dir schneller seine Ziele, Wünsche und Bedürfnisse nennen. Das hilft dir deine Argumentation entsprechend aufbauen zu können.

- Fragen stellen bedeutet: Den Gesprächspartner zu aktivieren.

„Wer fragt, der führt!" Fragen bringen das Gespräch auf den Punkt!

Betrachten wir einmal die psychologischen Aspekte des Fragens!

 Ein Mensch spricht ca. 130 bis 150 Worte pro Minute (gutes Sprechtempo). Was uns jedoch aus der Verhaltensforschung aufhorchen lässt, ist die Tatsache, dass der gleiche Mensch in einer Minute ca. 500 bis 600 Wörter denken kann. Was ist die natürliche Folge?

Je mehr ich rede, umso mehr Zeit hat mein Gesprächspartner, über mögliche Einwände oder abweichende Reaktionen nachzudenken.

Es kommt in deinen Gesprächen und Verhandlungen vielmehr darauf an, mit guten und zielorientierten Fragen deinem Gesprächspartner entsprechende Antworten zu entlocken.

Nur so erfährst du die Gedanken deines Gesprächspartners.

Beachte meine Tipps zur Strategie des Fragens:

Bitte stets um Erlaubnis Fragen zu stellen zu dürfen, und / oder, ob du dir eventuell auch Notizen machen darfst.

„Darf ich Ihnen hierzu eine Frage stellen?"
„Sind Sie einverstanden, dass ich mir einige Notizen mache?"

Vermeide gerade zu Beginn eines Gespräches mögliche unangenehme Themen!

Starte dein Gespräch möglichst mit einer offenen Frage, die dein *Gesprächspartner gerne beantwortet. Das baut Vertrauen auf!*

„Wie denken Sie hierüber?"
„Was können wir gemeinsam.....?"
„Welche Lösung schlagen Sie vor?"
„Wer wird Sie unterstützen?"
„Wann wollen Sie starten?"

Sorge dafür, dass sich deine Fragen konzentriert und fließend ergänzen.
Hierfür ist die KonDia©-Gesprächstechnik bestens geeignet, die du in diesem Buch noch kennen lernst.

Formuliere deine Fragen kurz, verständlich und präzise!

Eine gute Frage sollte wenig Schachtelsätze und wenig Kommata enthalten. In einigen meiner Workshops lasse ich Fragen erarbeiten, die nicht mehr als neun Worte beinhalten! Das ist leicht möglich, wenn du es willst. Trainiere es einmal schriftlich, und du wirst von dir begeistert sein.

Stelle immer nur eine Frage!
Mehrere Fragen auf einmal verwirren deinen Gesprächspartner! Außerdem löst du dabei sehr oft die Struktur oder den Leitfaden deines Gespräches auf.

Wenn du Fragen stellst, schaue deinem Gesprächspartner ins Gesicht, und in die Augen!

Das dokumentiert Interesse und festigt deinen Willen auf eine Antwort deines Gesprächspartners.

Achte auf die Signale und Botschaften des Körpers deines Gesprächspartners (Körpersprache).

Denke daran: Ein Lächeln sagt oft mehr als viele Worte!

Vermeide unbedingt die folgenden typischen Fehler beim Fragen!

Eigene Antwort.
Du gibst die Antwort auf deine Frage selbst vor, z.B.
*„Was stört Sie in diesem Fall am meisten? Ich mei-
ne, es wird Ihnen genau so gehen wie mir, dass
.......“*

Die Folge: Du ‚entmündigst' deinen Gesprächspartner!

Die Lösung: Frage offen und kurz formulieren, anschließend Mund halten!

Suggestiv-Fragen.
Du lenkst die Antwort in eine bestimmte Richtung,
z.B.

*„Sie engagieren sich doch sicher auch gerne in sozi-
alen Einrichtungen?“*

Die Folge: Dein Gesprächspartner fühlt sich manipuliert. Er wird entweder blind zustimmen, oder
baut innere Blockaden auf.

Die Lösung: Die eigenen Hoffnungen und Beweg-
gründe offen als solche aussprechen.

Drohende Fragen.
Du stellst bohrende Fragen mit unfreundlichem
Unterton, z.B.
„Was ist eigentlich heute mit Ihnen los?“

Die Folge: Der Befragte wird mauern und zu Ausreden greifen.

Die Lösung: Positive ICH-Botschaften formulieren. Vermeide Fragen die dein Gesprächspartner nur mit ‚Ja' oder ‚Nein' beantworten kann.

Mehrfachfragen.
Du stellst zu viele Fragen in einem Satz, z.B.
„Wie wirkt das auf Sie, was fanden Sie nicht so gut, und was würden Sie ändern?"

Die Folge: Dein Gesprächspartner wird nie alle Fragen zugleich beantworten.

Die Lösung: Frage stellen, Antwort abwarten, nächste Frage.

Nicht ausreden lassen.
Du unterbrichst und lenkst die Antwort in eine andere Richtung, wartest die Antwort nicht ab, und stellst schon die nächste Frage.

Die Folge: Dein Gesprächspartner fühlt sich manipuliert, reagiert verärgert, macht dicht

Die Lösung: Warte die Antwort vollständig ab, auch wenn es dir noch so schwer fällt. Höre aktiv zu. Anschließend frage gezielt weiter:

Lasse dich nicht verunsichern, wenn dir „Besserwisser" zehn, zwanzig oder noch mehr solcher ‚Fragetechniken' anbieten wollen.

Außerdem bezeichne ich solche nicht als Techniken, sondern als Fragearten.

Ich möchte dir nur **vier unterschiedliche Fragearten** näher bringen, mit denen du jedes Gespräch entscheidend lenken und führen kannst.

1. **Offene Frage** (W-Fragen: was, wer, wo, warum, wann. u.a.m.)
   Die psychologische Bedeutung dieser Frageart: öffnet, lockt deinen Gesprächspartner aus der Reserve, gibt dir wichtige Informationen, dein Partner stellt dir seine Probleme dar.

   Musterfragen:
   "Wie denken Sie über ....?"
   "Welche Vorteile hat das für Sie?"

2. **Alternativfrage** (entweder - oder / sowohl als auch)
   Die psychologische Bedeutung dieser Frageart: Sorgt für eine straffe und zielorientierte Gesprächsführung.

   Musterfragen:
   "Ist es Montag oder Freitag für Sie günstiger?
   "Tendieren Sie mehr zur roten oder blauen Farbe?"

3. **Richtungsfrage** (Selbstüberzeugungsfrage)
   Die psychologische Bedeutung dieser Frageart:
   Dein Gesprächspartner überlegt selbst, gibt dir
   gezielte Informationen, und liefert Ansatzpunkte.

   Wenn dein Partner deine Richtungsfragen mit
   ‚JA' beantwortet, überzeugt er sich letztlich
   selbst!

   Musterfragen:
   "Können Sie sich vorstellen, dass .....?"
   "Interessiert es Sie, dass ......?".

4. **Reflektierende Frage**
   (Feedbackfrage/kontrollierter Dialog)
   Die psychologische Bedeutung dieser Frageart:
   Hohe Empathie. Wiederholung der Aussagen deines Gesprächspartners in Frageform. Vermeidet
   negative Stellungnahmen des Partners. Dein Gesprächspartner kann sich selbst korrigieren.

   Musterfragen:
   "Wenn ich Sie richtig verstehe, meinen Sie ....."
   "Sie halten es für notwendig, dass ......"

Verwende aussagekräftige Formulierungen

Statt:
Ich muss
Ich will, ich kann, ich werde.

Ich werde es versuchen.
Ich werde es tun
Ich möchte Ihnen nur ungern etwas Falsches sagen.
Ich helfe Ihnen gern, damit Sie die richtigen Informationen bekommen.

Das kann ich nicht.
Das ist für mich eine Herausforderung, die ich gern annehme.

Ich möchte gern wissen, ob Sie...
Wann werden/wollen Sie...

Ich fürchte, das gibt Probleme.
Das ist sicherlich eine zu lösende Aufgabe

Das ist unmöglich.
Es wird in diesem Falle besondere Anstrengungen erfordern, doch...

Ich bin hier nur zuständig für...
Ich bin verantwortlich für...

Ich habe einfach nicht genug Zeit.
Ich werde ab sofort Prioritäten setzen, und meine Zeit bewusster einteilen.

Ich kann es nicht ändern.
Ich bin selbst dafür verantwortlich, dass sich das ändert.

Wie finden Sie das?
Gefallen Ihnen die Vorteile...? Was gefällt Ihnen besonders gut?

Das funktioniert so nicht. So etwas klappt nie.
Hoch interessant. Probieren wir es einmal.
Bin gespannt, was...

Vermeide folgende Gesprächs- und Kommunikationskiller:

Übertreibe oder Untertreibe nicht!

Sprich nicht in langen Sätzen!

Benutze möglichst keine Fremdworte!

Vermeide Füllworte, z. B. auch, eigentlich, u.a.m.

Führe keine privaten Diskussionen!

Verstecke dich nicht hinter deinem Tisch!

Zappele nicht ständig hin und her!

Strecke dich nicht gemütlich aus!

Vermeide monotones Sprechen!

Stelle deine Aussagen nicht in Frage!

Erfolgreiche Gespräche und Verhandlungen mit dem kontrollierten Dialog!

Lesen *macht vielseitig,* **verhandeln** *geistesgegenwärtig*

Francis Bacon

Egal, ob du ein Gespräch oder eine Verhandlung führst, es gibt eine Gesprächstechnik, die dich in jedem Falle weiterbringen wird!

Es ist die Technik des kontrollierten Dialogs. Ich nenne sie KonDia©.

Denke einmal an dein letztes Gespräch oder deine letzte Verhandlung. In Gesprächen und Verhandlungen sind beide Gesprächspartner oft mit eigenen Gedanken beschäftigt.

Oft hört jeder nur was er schon kennt oder hören will! Dabei erinnerst du dich vielleicht an eigene Geschichten und Erlebnisse, schweifst innerlich ab, beurteilst und bewertest das Gehörte. Du überlegst dabei, was du erzählen willst, legst dir schon mal eine Strategie zur Erwiderung zurecht, oder bist innerlich noch mit ganz anderen Dingen beschäftigt. Dabei verpasst du oft die wesentlichen Inhalte des Gesprächs.

Es stellt sich oft eine mangelnde Empathie deinerseits ein. Deinem Gesprächspartner wird es ähnlich ergehen.

"Mit KonDia© lernst du deine Gespräche zu strukturieren und einfach zu führen!"

Du lernst mit der Anwendung des kontrollierten Dialogs:

- zu beseitigen,

- die Verständigung zu verbessern,

- Aufmerksamkeit und Wahrnehmung zu steigern,

- dich präziser auszudrücken präziser zu sprechen,

- aktiver zuzuhören,

- hohe Empathie einzusetzen,

- besser zu kommunizieren,

- und Gespräche wesentlich effizienter zu führen:

Du trainierst mit der Anwendung des kontrollierten Dialogs:

- Kommunikationsstörungen zu vermeiden,

- und genau zuzuhören.

Wie funktioniert die KonDia©-Technik?

Du eröffnest das Gespräch mit einer Frage!

Der Antwort deines Gesprächspartners entnimmst du sinngemäß bestimmte Worte deines Gesprächspartners (Reizworte)!

Mit diesen ‚Reizworten' stellst du die nächste Frage!

Je nach Gesprächssituation stellst du dann die Schluss-, oder Entscheidungsfrage.

Du findest auf den folgenden Seiten einige Mustergespräche, die ich mit meinen Trainingsteilnehmern und Coachees (Führungskräfte) schon mehrere Male durchgeführt und erlebt habe. Ich gebe dir diese auszugsweise im Original wieder, da ich wichtige Gespräche mit Einverständnis der Probanden meist aufzeichne. Die entsprechenden Reizworte sind fett gedruckt, damit du die Technik des kontrollierten Dialogs nachvollziehen kannst.

1. Mitarbeiterfördergespräch in der KonDia©-Technik:

Die gute Mitarbeiterin, Karin W. (KW), soll „Assistentin des Geschäftsführers" werden.

„Welche Möglichkeiten sehen Sie für sich, hier im Hause beruflich weiterzukommen?"
KW: *„Offen gesagt, darüber habe ich noch gar nicht* **nachgedacht.**"

„Da Sie eine gute Mitarbeiterin sind, haben wir für Sie schon einmal **nachgedacht.**"
KW: *„Da bin ich aber gespannt, was Sie* **denken.**"

„Ich **denke,** dass Ihre Fähigkeiten gefördert werden sollten."
KW: *„Wieso Fähigkeiten? Ich mache hier meine*

Arbeit *so gut wie ich es kann."*

„Frau W. mich interessiert einmal, was machen Sie in Ihrer **Tätigkeit** besonders gern?"
KW: *„Hmm. Ich organisiere gern, und lege Wert darauf, dass unsere Kunden zufrieden sind und mein Chef sich auf mich **verlassen** kann."*

„Sie haben es gerade gesagt. Ihrem Chef ist aufgefallen, dass er sich voll und ganz auf Sie **verlassen** kann.

Können Sie sich vorstellen, die Assistentin Ihres Chefs zu werden?"
KW: *„Jetzt bin ich aber platt. Soll das **heißen**, dass ich die Assistentin meines Chefs werden kann?"*

„Ja, Frau W., das soll es **heißen**. Wie denken Sie hierüber?"
KW: *„Das freut mich natürlich sehr!"*

Wir unterhielten uns noch über einige Zusatzaufgaben, ihr verbessertes Einkommen, ihre neuen Privilegien, und ganz besonders über den neuen Umgang mit ihren Kollegen. Frau W. hat bis heute ihre neue Tätigkeit bestens gemeistert! Fazit: Nutze deine Chance!

2. Kritikgespräch in der KonDia©-Technik:

Verkaufsleiter, Sven G., stellt einer seiner Mitarbeiter vor Kollegen bloß.

„Herr G. Wie denken Sie darüber, dass ein Vorgesetzter einen Mitarbeiter vor den Augen der Kollegen massiv kritisiert?"
SG: *„Sie meinen bestimmt meinen ‚**Ausraster**' vorhin. Wissen Sie, ich habe diesem Mitarbeiter schon hundert Mal gesagt, dass er sich besser mit dem Leiter der Logistik abstimmen soll."*

„Ich verstehe Ihren ‚**Ausraster**'. Warum jedoch vor den Kollegen? Stellen Sie sich einmal vor, Ihr Vertriebsleiter würde das mit Ihnen so machen. Wie würden Sie reagieren?"
SG: *„Ich wäre stinksauer. Sie haben Recht, das war nicht gut von mir. Da muss ich mich mehr zusammenreißen. Soll nicht mehr **vorkommen**."*

„Prima. Freut mich, wenn es nicht mehr **vorkommt**. Wie können Sie das gegenüber Ihrem Mitarbeiter wieder gut machen?"
SG: *„Ich werde mich bei diesem Mitarbeiter **entschuldigen**."*

„Das finde ich sehr gut! Die Fähigkeit sich **entschuldigen** zu können, wird Sie in den Augen des Mitarbeiters sogar stärken.

Herr G., was halten Sie davon, bei Ihrem nächsten Meeting einmal den Umgang untereinander zu thematisieren?
SG: *„Das ist ein guter Vorschlag. Ich habe da auch schon so einige Punkte, die mir **am Herzen** liegen."*

Auch wenn Ihnen einiges **am Herzen** liegt, legen Sie unbedingt Wert darauf, das möglichst emotionslos zu besprechen."

Da ich öfter in diesem Unternehmen zu tun habe, stellte ich bereits nach einigen Wochen fest, dass sich das Klima im Vertriebsbereich wesentlich verbessert hat.

Fazit: Der Ton macht die Musik!"

3. Konfliktgespräch in der KonDia©-Technik:

Kerstin T., Ehefrau einer Führungskraft, bittet mich um ein Gespräch.

„Frau T., was möchten Sie mit mir besprechen?"
KT: *„Wissen Sie, ich bin einfach **sauer**. Mein Mann lässt sich durch seine Firma völlig einnehmen. Er hat kaum Zeit für mich und unsere Kinder. Wenn ich ihn etwas frage, ist er immer kurz angebunden.*

Verlässliche Privattermine sind so gut wie gar

nicht mehr möglich. Wir hatten früher zwar weniger Geld, doch lief es zwischen uns wesentlich besser."

„Ich kann gut verstehen, dass Sie **sauer** sind. Haben Sie denn diesen Punkt mal ausführlich mit Ihrem Mann besprochen?"

KT: *„Das können Sie vergessen. Er verspricht zwar Besserung, doch gebessert hat sich in* **Wirklichkeit** *nichts."*

„Bleiben wir mal bei der **Wirklichkeit**. Welche Möglichkeiten fallen Ihnen ein, damit sie beide mehr **Zeit** füreinander haben können?"
KT: *Wir müssten einfach mal* **Zeit** *für uns festlegen und planen. Aber das habe ich ihm ja auch schon gesagt."*

„Haben Sie denn für sich selbst einen Zeitplan?"
KT: *„Ja, den hab' ich. Ich bin hier im Ort in* **drei** *Vereinen aktiv."*

Das heißt, Sie sind an **drei** Abenden aktiv und nicht zu Hause?"
KT: *„***Stimmt!***"*

„Wenn das **stimmt**, erwarten Sie von Ihrem Mann, dass er sich dann Zeit nimmt, wenn Sie zu Hause sind. Ist das so?
KT: *„Das haben Sie* **recht**. *So hab' ich das noch gar*

nicht gesehen.“
„Wenn ich **recht** habe, was wäre für Sie eine Lösung?“

Ergebnis: Frau T. hat sich mit ihrem Mann geeinigt, und ist sogar in einem Verein passives Mitglied geworden. Beide sind jetzt zwei Abende füreinander da.

Fazit: Wo ein Wille, da ein Weg!

Hast du dir diese drei Beispiele aufmerksam durchgelesen?

Dann sind dir die enormen Vorteile dieser KonDia© -Gesprächstechnik sicherlich aufgefallen:

Durch die Wortwiederholungen agierst du gleichzeitig mit den Worten deines Gesprächspartners, und wendest aktiv die erforderliche Empathie an.

Die KonDia©-Gesprächstechnik sorgt dafür, dass du ständig ‚am Ball bleibst‘, nicht das Thema wechselst, und stets konstruktive Fragen stellst.

Dein Gesprächspartner fühlt sich ernst genommen!

Du führst dein Gespräch ausschließlich in Frageform!

Übe diese Gesprächstechnik jeden Tag!

Gesprächsanlässe gibt es genug. Egal ob privat oder beruflich. Es gibt sicherlich auch für dich einige Menschen, mit denen du schon lange mal über ein bestimmtes Thema reden möchtest. Bereite deine Gesprächsziele innerlich vor.

Denke daran:

"Mache du den ersten Schritt, der andere wartet schon darauf!"

Du wirst erleben,

dass deine künftigen Gespräche **wesentlich straffer** werden,

du **schneller auf den Punkt** kommst,

und es **immer zwei Gewinner** gibt: Du und dein Gesprächspartner!

Nachdem du die KonDia©-Gesprächstechnik jetzt ausführlich kennen gelernt hast, möchte ich dir hierzu noch eine Gesprächsstrategie mit auf deinen Erfolgsweg geben, die dir Freude macht.

Die EHN©-Strategie

Ich habe sie bereits Anfang der 90er Jahre des letzten Jahrhunderts entwickelt . Es ist eine Strategie, die du sehr leicht mit dem kontrollierten Dialog koppeln kannst. Die Bedeutung der Buchstaben EHN erkennst du direkt auf dieser Seite.

Meine EHN©-Strategie eignet sich ausgezeichnet für die Eröffnung deiner Gespräche und Verhandlungen. Es geht dabei um das strategische **E**rfragen, **H**inein fragen und **N**achfragen.

Erfragen:
Stelle bitte immer zuerst eine gezielte **offene Frage**. Zum Beispiel:
„Wie wichtig ist für Sie die Wartung Ihrer Heizanlage?"
„Worauf legen Sie in der Wartung besonderen Wert?"

Hinein fragen:
Wende hierfür die Alternativfrage oder Richtungsfrage an. Zum Beispiel:
„Möchten Sie Ihre Heizanlage ein- oder zweimal pro Jahr warten lassen?"
„Können Sie sich vorstellen, dass eine regelmäßige Wartung mehr Sicherheit bietet?"

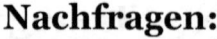

Nachfragen:
Setze die reflektierende Frage ein.
Das vermeidet Missverständnisse und
fördert einen erfolgreichen Ab-
schluss. Zum Beispiel:
*„Wenn ich Sie richtig verstanden ha-
be, möchten Sie ....!"*

*„Darf ich zusammenfassen, was wir
besprochen haben?*

Meine dritte Gesprächsstrategie ist
ein sehr wirkungsvoller Leitfaden, den ich von meinem ehemaligen Mentor Dr. Rudolf Stoll übernom-
men habe:

> *Ob ein Mensch klug ist,*
> *erkennt man*
> *an seinen Antworten.*
>
> *Ob ein Mensch weise ist,*
> *erkennt man an seinen Fragen.*
>
> Nagib Mahfuz

Die 5-Punkte-Formel

eignet sich für jedes Gespräch, jede Verhandlung, Moderation, Präsentation und Rede! Hier für dich den Ablauf dieser Strategie, mit entsprechenden Formulierungen:

1. Wecke zuerst das Interesse deines Partners / deiner Zuhörer:

Was bewegt uns, wenn wir heute ....?
Wem verdanken wir ....?
Warum ist es wichtig, dass wir ....?
Wie kommt es, dass ....?

2. Sage dann, worum es geht:

Es ist für Sie sicherlich von Bedeutung, wenn ....?
Für mich ist es wichtig, dass ....?
Ist nicht gerade das der Punkt, den wir .....?

3. Begründe kurz und knapp mit Zahlen, Daten und Fakten:
Ich nenne Ihnen hierzu gerne ....

4. Gib Beispiele, die Aufmerksamkeit erregen:
(Entwicklung. Bisheriger Weg. Markante Punkte. Bedeutung bis heute.)

Haben Sie die Entwicklung .... verfolgt?
Denken Sie einmal daran, wie wir ....?
Sind Ihnen die Folgen des .... noch vor Augen?

5. Aufforderung zum Handeln / zur Tat:
Auffordernden Schluss-Satz oder Zitat, besinnlich oder humorvoll:

Ich fordere Sie auf, ...
Lassen Sie uns jetzt starten, damit ......
Ich bitte Sie ....!

Mein Tipp:

Keine langen Sätze
Aussagen meist in Frageform!
Keine Konjunktive!

*Je komplizierter
das Gesagte wirkt,
desto weniger
hat man es durchdacht!*

Richard von Weizäcker

Wie kannst du mit der DAW©-Technik erfolgreich auf Gesprächseinwände reagieren?

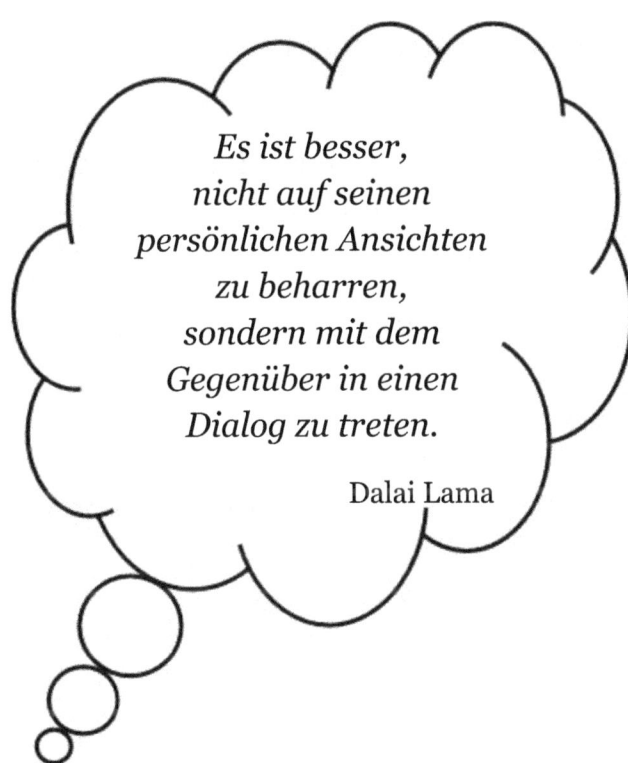

Es ist besser, nicht auf seinen persönlichen Ansichten zu beharren, sondern mit dem Gegenüber in einen Dialog zu treten.

Dalai Lama

Direkte oder indirekte Einwände unserer Gesprächspartner entdecken wir immer wieder.

Es stellt sich dabei die Frage, inwieweit wir selbst der „Einwandverursacher" sind? Die drei hauptsächlichen „Verhaltenseinwände" in der Rangfolge:

• gegen den Gesprächspartner

• gegen die Firma, den Verein oder die Gruppe

• gegen das Ziel oder Produkt

Die DAW©-Technik mit einer Motivationsfrage hilft dir Einwände positiv aufzufangen, zu entkräften oder gar zu beseitigen!

Die DAW©-Technik besteht aus dem

D = Danke ...
Generell mit „Danke, ..." „Vielen Dank, ..." starten. Das sagt deinem Gesprächspartner, dass du seinen Einwand ernst nimmst!
A = Angenommen, ...
Mit dem Wörtchen „Angenommen" erfährst du in sekundenschnelle, ob es sich seitens deines Gesprächspartners um einen echten Einwand, oder nur um einen Vorwand (Abwimmelung) handelt.

W = wir beide gemeinsam
Mit diesen drei Worten, die Sie stets dem
„Angenommen" folgen lassen, nimmst du deinen
Partner mit ‚ins Boot'. Auf keinen Fall: Angenom-
men, ich ....
Wichtig ist immer die Motivationsfrage, die generell
deiner formulierten Einwand-Beantwortung folgt!

Es gibt nur drei Einwand-Arten:

- Allgemeine Einwände,

- Einwände, die ein persönliches Versprechen
  erfordern,

- und Einwände, die deinen Gesprächspartner
  ‚zwingen' Farbe zu bekennen.

Aus der praktischen Erfahrung wissen wir: 80 %
aller Einwände sind „allgemeine Einwände"!

Zwei Beispiele „allgemeiner Einwände":

Einwand:
„Ich will mich noch am Markt orientieren!"

Antwort:
„Vielen Dank für Ihre Anmerkung. Angenommen,
wir beide gemeinsam entdecken eine wichtige Ori-
entierungshilfe für Sie, .."

Motivationsfrage:
„..interessiert Sie das?"

Einwand:
„Sie sind zu teuer!"

Antwort:
„Danke, dass Sie mir das so offen sagen. Angenommen, wir beide gemeinsam, einigen uns auf Konditionsmöglichkeiten, die Ihren Wünschen entsprechen, und uns beiden gerecht werden,..

Motivationsfrage:
„..sind Sie damit einverstanden?"

Zwei Beispiele für ein „persönliches Versprechen":

Einwand:
„In Ihrer Firma wechselt ständig der Ansprechpartner!"

Antwort:
„Danke, dass Sie mir das offen sagen! Angenommen, wir beide gemeinsam einigen uns darauf, dass ich künftig ihr fester Ansprechpartner bin, .."

Motivationsfrage:
„..ist das eine gute Lösung für Sie?"

Einwand:

„Ihr Service klappt nicht!"

Antwort:

„Vielen Dank für diesen Hinweis! Angenommen, wir beide gemeinsam einigen uns darauf, dass ich künftig dafür verantwortlich bin, dass der Service klappt, ...“

Motivationsfrage:

„..schenken Sie mir Ihr Vertrauen?"

Zwei Beispiele zum Thema „Farbe bekennen":

Einwand:

„Das entscheidet bei uns die Hauptverwaltung!"

Antwort:

„Danke, dass Sie mir das sagen! Angenommen, wir beide gemeinsam gehen zum Ansprechpartner in der Hauptverwaltung,.."

Motivationsfrage:

„..unterstützen Sie mich?"

Einwand:

„Das muss mein Chef entscheiden!"

Antwort:

„Danke, dass Sie mir das sagen! Angenommen, wir

beide gemeinsam sprechen mit Ihrem Chef,.."

Motivationsfrage:
„..kann ich mit Ihrer Unterstützung rechnen?"

Die Psychologie der DAW©-Technik hast du jetzt erkannt,

insbesondere, dass die Motivationsfragen von deinem Gesprächspartner bejaht werden sollen. Stelle dich jedoch darauf ein, dass dein Partner hier und da auch „nein" sagen wird, oder zumindest „ich weiß noch nicht genau", oder ähnliches. Dann will er in diesem Moment noch nicht.

Akzeptiere das! Versuche es einfach später noch einmal.

„Gesprächseinwände gekonnt entkräften und beseitigen!"

Der Kunde von heute ist informierter als du glaubst. Seine Einwände sind aus seiner Sicht berechtigt. Wichtig ist, wie du diesen Einwänden Paroli bietest! Hier für dich die häufigsten Kundeneinwände, und wie du diesen mit Fragen oder Antworten begegnen kannst:

"Ich will mich noch woanders informieren."

- Genau aus diesem Grunde möchte ich mit Ihnen noch eine Alternative besprechen.

- Wie denken Sie bisher persönlich hierüber, Herr ...?

- Was kann Sie zusätzlich noch überzeugen?

"Ich habe mich für einen anderen Lieferanten entschieden."Warum?

- Herr X, was habe ich falsch gemacht?

- Wissen Sie, Herr X, auf welche Vorteile undbesondere Leistungen Sie verzichten?

- Ist damit der gesamte Auftrag vergeben?

Hat noch Zeit / ist noch nicht soweit!"

- Wann soll's denn losgehen?

- Prima, dass wir noch Zeit haben. Dann können wir die Planphase noch intensiver nutzen. Wann wollen wir darüber reden?

- Prima. Dann können wir Ihrem Kunden noch weitere Vorteile aufzeigen. Wann kann ich zu Ihnen kommen?

"Ich habe noch nicht alle Unterlagen!"

- Was kann ich für Sie tun, damit es schneller geht?

- Welche Schritte können wir in der Zwischenzeit schon einleiten?

- Dann haben wir ja noch Zeit, um ....

"Ich warte noch auf zwei andere Angebote."

- Ich finde es gut, dass Sie vergleichen wollen. Dann hat Sie die Schnelligkeit meiner Angebots-abgabe sicherlich positiv beeindruckt. Ist das richtig

- Was erwarten Sie von den anderen Angeboten, was ich nicht persönlich für Sie leisten kann?

- Das ist in Ordnung. Lassen Sie uns jedoch dann

die Angebote gezielt mit   unserem vergleichen.
Geben Sie mir diese Chance?

"Sie sind zu teuer!"

- Womit vergleichen Sie den Preis?

- Angenommen, wir finden gemeinsam eine Lösung,

- Das stimmt. Interessiert es Sie, warum wir im Preis etwas höher liegen?

- Was ist neben dem Preis noch wichtig für Sie?

- Verstehe ich Sie richtig, dass Sie auf Marktführerschaft, Verlässlichkeit und außergewöhnliche Dienstleistungen weniger Wert legen?

„Am Preis müssen Sie noch einiges tun.“

- Mit welchem Entgegenkommen Ihrerseits kann ich dann rechnen?

- Das tue ich gerne. Sind Sie dann bereit mit uns ...? (z.B. Rahmenabkommen, größere Mengen)

"Ihr Mitbewerb ist wesentlich günstiger!"

- Können wir uns das Angebot des Marktbegleiters einmal gemeinsam anschauen?

- Auf welche Leistungen wollen Sie verzichten?

- Interessiert es Sie, welche Alternativen wir Ihnen bieten können, die Ihren Vorstellungen entgegenkommen, und Ihnen mehr Gewinne ermöglichen?

- Wie wird Sie der Mitbewerb unterstützen, wenn Sie einmal in finanzielle Engpässe geraten?

G+V©-Schrittmacher - für deine Gespräche und Verhandlungen

- **Standpunkte formulieren** knapp, klar, eindeutig und abgegrenzt

- **Gemeinsamkeiten finden**, notieren und festhalten

- **Unterschiedliche Meinungen** suchen und akzeptieren

- **Erreichte Gemeinsamkeiten** nennen, aufbauen und weiter ....

- **Verbleibende, unterschiedliche Auffassungen nennen**, in Toleranzbereiche fassen und bestätigen

- **Erreichte Übereinstimmung nennen**, festhalten und notieren

- **Was bleibt übrig?** Nennen, notieren und evtl. neuen Termin vereinbaren

„Schalte auf die Frequenz deines Gesprächspartners!"

Gerade in Gesprächen und Verhandlungen ist es entscheidend, deinen Gesprächspartner ‚bei Laune zu halten', und seine Gesprächsbereitschaft noch mehr zu fordern.

Mit den folgenden positiven Formulierungen er-
höhst du das Gesprächsklima, gibst positives Feedback, und förderst dein Gespräch mit Empathie des
Verstärkens und Zuhörens:

Das verstehe ich.

Hierin stimme ich Ihnen voll und ganz zu.

An Ihrer Stelle würde ich mich genauso ärgern.

*Aus Ihrer Sicht haben Sie natürlich Recht. Gerade
deshalb ......*

Das hört sich sehr interessant an.

Offen gesagt, es überrascht mich, ...

Ich finde es toll, wie Sie ....

Ich höre Ihnen als Profi gerne zu, weil ....

*Danke, dass ich von Ihnen wieder etwas lernen
konnte.*

Ich wünsche mir, dass ....

Was können wir gemeinsam tun, damit ....

Beobachten Sie auch, dass ....

Ich freue mich, wenn ....

Es liegt mir am Herzen, Ihnen für .... zu danken.

Herzlichen Dank, dass Sie mit uns gemeinsam, ...

Kein Kunde kauft den Preis allein. Sehen Sie das auch so?

Ich bin überzeugt, dass wir beide gemeinsam, ...

Danke für Ihren Auftrag.

Ich danke Ihnen für Ihr Vertrauen.

Ihr Erfolg motiviert mich sehr. Was wollen wir jetzt anpacken?

Ich kenne wenig Kunden, die sich so engagieren wie Sie.

Ich sehe hier eine große Chance für Sie.

Es macht immer wieder Spaß, mit Ihnen zu reden.

Ich helfe Ihnen gerne bei der Lösung Ihrer Aufgaben.

Ich bitte Sie um Verständnis dafür, dass ....

Gerade das ist der Grund, warum ich ....

Regeln für das Sprechen und Reden

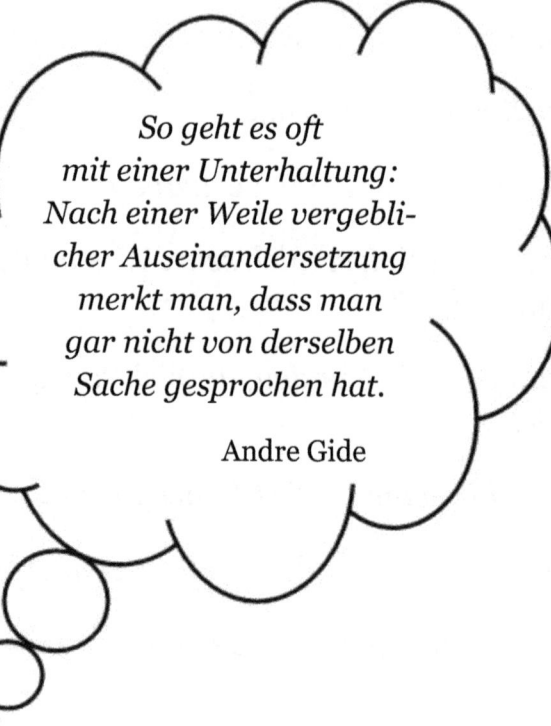

So geht es oft
mit einer Unterhaltung:
Nach einer Weile vergebli-
cher Auseinandersetzung
merkt man, dass man
gar nicht von derselben
Sache gesprochen hat.

Andre Gide

Regeln für das Sprechen:

1. Sprich offen und direkt!

2. Sage offen, was dich bewegt. Vermeide Vorwürfe und schildere einfach, warum du dich wohl oder unwohl fühlst.

3. Sprich per "ICH"!
   Sprich' per ICH ist die beste Voraussetzung für ein gutes, erfolgsorientiertes, konstruktives Gespräch. "Du-, man-, aber- und Wir-Sätze" beinhalten oft unbewusste Rechtfertigungen und Angriffe. Gegenreaktionen sind die Folge.

4. Bleibe im HIER + JETZT.
   Keine Konjunktivsprache! Dein Partner versteht besser, was du meinst. Konjunktive (sollten, könnten, würden, müssten) und Verallgemeinerungen (nie, immer, eigentlich) lösen oft Gegenbeispiele aus, die selten zu Lösungen beitragen.

   Bleibe beim Thema! Alte Probleme aufzuwärmen, führt meist zu neuen Auseinandersetzungen.

5. Sprich konkretes Verhalten an! Sätze wie "nun sag' doch auch mal was", oder "Du solltest....." sind kommunikationshemmend. Besser: "Mich interessiert, was du denkst!"

Regeln für das Reden

1. Zeige, dass du zuhörst! Setze deine aktive Körpersprache ein (Empathie des Verstärkens).

2. Stelle offene Fragen! Dein Partner muss gerne und ohne inneren Zwang antworten können. Negativ ist, wenn sich dein Partner gegen Unterstellungen wehren muss.

3. Fasse zusammen! Mit dem kontrollierten Dialog! Wiederhole mit deinen eigenen Worten, was dein Partner gesagt hat. So merkt er, ob alles richtig bei dir angekommen ist, und kann Missverständnisse korrigieren.

4. Sage, wie du die Worte deines Gesprächspartners empfindest! Lobe gutes Gesprächsverhalten. Wenn du mit den Äußerungen deines Partners nicht einverstanden bist, schildere, was gerade in dir vorgeht.

Positive Formulierungen:

- Das verstehe ich.

- Hierin stimme ich Ihnen voll und ganz zu.

- An Ihrer Stelle würde ich mich genauso ärgern.

- Aus Ihrer Sicht haben Sie natürlich recht, und gerade deshalb ......

- Das hört sich sehr interessant an.

- Offen gesagt, es überrascht mich, ...

- Ich finde es toll, wie Sie ....

- Ich höre Ihnen als Profi gerne zu, weil ....

- Danke, dass ich von Ihnen wieder etwas lernen konnte

- Ich wünsche mir, dass ....

- Was können wir gemeinsam tun, ...

- Beobachten Sie auch, dass ....

- Ich freue mich, wenn ....

- Es liegt mir am Herzen, Ihnen für .... zu danken.

- Herzlichen Dank, dass Sie mit uns gemeinsam ....

- Kein Kunde kauft den Preis allein. Sehen Sie das auch so?

- Ich bin überzeugt, dass wir beide gemeinsam ....

- Danke für Ihren Auftrag.

- Ich danke Ihnen für Ihr Vertrauen, weil ....

- Ihr Erfolg motiviert mich sehr. Was wollen wir jetzt anpacken?

- Ich kenne wenig Kunden, die sich so engagieren wie Sie.

- Ich sehe hier eine große Chance für Sie.

- Es macht immer wieder Spaß, mit Ihnen zu reden.

- Ich helfe Ihnen gerne bei der Lösung Ihrer Aufgaben.Ich bitte Sie um Verständnis dafür, dass ....

- Gerade das ist der Grund, warum ich ....

Drei Überzeugungsstufen für deine wirkungsvollen Argumente!

- **So argumentierst du richtig!**

Deine Argumente müssen positiv klingen, glaubhaft, verständlich, leicht nachweisbar sein und deinem Kunden Vorteile versprechen!

Deine Argumente müssen dem "Trägheitsprinzip" deines Partners Rechnung tragen!

Deine Argumente müssen Einfühlungsvermögen (Empathie) und Durchsetzungsvermögen (Projektion) gleichermaßen verbinden!

- **So kontrollierst du die Wirkung deiner Argumente!**

"Sie-Standpunkt" praktiziert?
Beteiligung erzielt (ca. 50 : 50)?
Kontrollierten Dialog permanent eingesetzt?

- **So bringst du "Musik" in deinen Schlussakkord!**

Du wiederholst die besten Argumente nicht mehr einzeln, sondern mit DREIFACHEM AKKORD!

Dieser SCHLUSS-AKKORD verschafft dir immer Gehör und bleibt 'haften'!
Du nutzt die Zustimmung deines Partners zum präsentierten Schlussakkord als wichtigen Entscheidungsfaktor für dein Ziel!

Argumentationstechniken.

Der Einsatz von Argumentationstechniken hängt von verschiedenen Umständen ab: insbesondere von der Zielsetzung und deren Situationsbedingungen.

Argumentationstechniken sind entweder sachbezogen oder emotionalisiert.

Aus der Fülle der Argumentationstechniken nenne ich dir einige, die du situationsbedingt einsetzen kannst

- Vergleichstechnik

- Isolierungstechnik

- Gefühlsappell-Technik

- Unterstellungstechnik

- Persönlichkeitstechnik

- Wiederholungstechnik

- Autoritäts- und Zitiertechnik

Für deine Argumentationskunst einig Tipps:

- Nenne die Argumente, die gegen dich sprechen, selbst!

- Kommst du in deiner Argumentation nicht weiter, setze einfach an einer anderen Stelle an!

- Versuche nicht, durch Kniffe, Kunstgriffe oder Winkelzüge den anderen aufs Kreuz zu legen!

- Mache niemanden lächerlich!

- Bekunde Verständnis in deine Argumentation!

- Weise in deiner Argumentation auf Gemeinsamkeiten hin!

- Trage deine Argumente anschaulich vor!

- Belehre nicht, sondern informiere!

- Zeige Haltung! Verliere nie die Fassung!

Strategie für deine Gespräche und Verhandlungen!

Für die Rede, die Diskussion oder das Gespräch ist es von enormer Bedeutung, mir klar darüber zu sein, welche Ziele ich anstrebe und wie ich diese erreichen will und kann.

Ziele können sehr unterschiedlich sein: überzeugen, raten, helfen, Zeit schinden, Eindruck machen oder ähnliches.

Nur wenn ich Klarheit über mein Ziel erlangt habe,

- kann ich zielgerecht reden

- kann ich zielbewusst argumentieren

- kann ich systematisch vorgehen

- kann ich Zwischenergebnisse festhalten

- kann ich den Stand der Diskussion immer wieder auf den Zweck, auf das Ziel zurückführen

Die Taktik deiner Gespräche und Verhandlungen!

- Hier geht es um das geschickte und planvolle Vorgehen, um die gesetzten Ziele erreichen zu können:

- Flechte hier und da vorsichtig Persönliches ein!

- Gehe auf deinen Partner ein!

- Berücksichtige die Interessen deines Partners!

- Beziehe die Bedürfnisse deines Partners ein

- Danke deinem Partner für seine Ausführungen

- Sprich die interessantesten Gesichtspunkte deines Partners an!

- Würdige den Standpunkt deines Partners

- Beziehe deinen Partner positiv ein!

- Entsprich auch anderen Standpunkten!

- Gehe auf die Argumente deines Partners ein

- Streite nicht über Tatsachen!

- Konzentriere dich auf das Wesentliche!

- Begrenze deine Aussagen, soweit du kannst!

Was musst du generell für den Aufbau einer Rede wissen?

*Ich entwerfe jede Rede wie
einen Minirock:
lang genug,
um das Wesentliche
abzudecken,
kurz genug, um interessant
zu sein.*

Klaus-Peter Dreykorn

Wichtig ist deine mentale Grundhaltung als Redner oder Gesprächsführender.

Wie oft reden und sprechen wir ohne Punkt und Komma, weil wir emotional geladen sind, oder voller Euphorie + Gefühle unser Denken und Handeln ‚an den Mann bringen wollen'?

1. Tipp:
Reden nur über das, was du anderen sagen willst!

2. Tipp:
Überlege vorher, wie du mit deiner Rede oder deinem Gespräch Menschen in deinen Bann ziehen kannst!
Gerade dieser Tipp beinhaltet, wie gut es ist, wenn du gezielte Fragen stellst. Mit Fragen eröffnest du eine Rede oder ein Gespräch, dass deine Zuhörer oder Gesprächspartner aufhorchen lässt und Interesse weckst.

3. Tipp:
„In der Kürze liegt die Würze!"
Je kürzer deine Frage oder Aussage ist, desto prägnanter und wortdynamischer beeindruckst du deine Zuhörer oder Gesprächspartner.

Fragen hintereinander stellen! Vermeide Substantive mit den Endsilben „.....ung, ...heit, ...keit"!

4. Tipp:
**„Aktiviere deine Zuhörer und Gesprächs-
partner durch Fragen!**
Hier die wirkungsvollen Fragen, mit denen du deine
Gesprächspartner aktivierst:

„Wie werden Ihre Mitarbeiter reagieren?"
„Wie können wir unsere Lieferanten beeinflussen?"
„Was wird uns nachhaltig motivieren?"

Merkst du etwas?
Richtig! Es sind kurze Fragen!

Hierfür meine Forderung an dich: Keine deiner Fragen sollte mehr als neun Worte beinhalten!

Im folgenden Tipp erfährst du, wie du den Wir-
kungsgrad deiner Rede oder deines Gespräches er-
höhst.

5. Tipp:
„Setze Vergleiche und Beispiele ein!"

Dein Zuhörer oder Gesprächspartner versteht besser, wenn du

- Zahlen,

- Statistiken,

- Bilder,

- Diagramme,

- oder anderes mehr einsetzt.

Denke an die Weisheit: *„Bilder sagen mehr, als tausend Worte!"*

6. Tipp:
„Stärken deine Fragen und Aussagen durch Gesten der Sicherheit!"

Aus der Verhaltensforschung wissen wir, dass Körpersprache und Ausdrucksvermögen in Reden, Gesprächen und Verhandlungen zu rund 90 % entscheidend sind, für die Wirkung und Überzeugung der Inhalte deiner Aussagen / Darstellungen.

Hier mein erlebtes Beispiel, wie Verkaufsleiter Jürgen Lehmann (JL) seine Aussagen während eines Verkäufer-Meetings selbst schwächte:

„Meine Herren! Es ist für uns alle sehr wichtig (JL rutscht auf seinem Stuhl herum), dass wir uns das reine Umsatz-Denken abgewöhnen.

Wir alle müssen lernen (JL greift sich ans Ohrläppchen, und fährt mit der Hand durch seine Haare) tatsächliche Deckungsbeiträge in den Vordergrund zu stellen!"

Was sind Gesten der Sicherheit?
Warum fördert Gestik deine Erfolge?

Die Definition ist klar:
Gestik ist die Unterstützung und Förderung des gesprochenen Wortes mit Händen und Armen!

Hier ist Training angesagt. Mit deinen Händen und Armen kannst du Überzeugung und Argumentation wirkungsvoll steigern. Stoppe in jedem Falle deinen eigenen inneren Zappelphilipp! Das bringt Ruhe und Souveränität in deine Rede und Gespräche!

7. Tipp:
„Synchronisiere Gestik und Augenkontakt!"

Im Rahmen meiner Beratungen, Coachings und Trainings führe ich für meine Klienten aus Industrie + Handel auch Bewerbergespräche. Mir fällt ein Bewerbungsgespräch ein, welches ich im März dieses Jahres im Münsterland führte. Gesucht wurde ein Verkaufsleiter, der acht Kundenmanager im Außendienst zielorientiert und erfolgreich führen soll.

Es bewarb sich ein ‚Viel-Redner'. Ein wahrer Held. In den ersten zehn Minuten unseres Gesprächs stellte er keine Fragen!! Er redete, redete und redete. Mich störte jedoch sehr, dass er mir dabei kaum in die Augen sah.

Er ließ seinen Blick sozusagen schweifen. Je mehr ich den Blickkontakt suchte, desto ausweichender verhielt er sich.

Hinzu kam, dass dieser Bewerber seine Hände stets auf seinem Schoß hatte. Abgesehen von diesem schlechten Benehmen, habe ich diesen Bewerber gerne dem Mitbewerb überlassen.

Damit wir uns richtig verstehen: Es geht nicht darum den Gesprächspartner ständig anzusehen. Also keinen Torero blick nach dem Motto: er stiert mich an.

Die Augen sind ein Instrument der Wahrnehmung.

In meinen Workshops lasse ich meine Teilnehmer immer wieder einmal den Blickkontakt trainieren. Hierfür setze ich spannende Augen-Spiele ein, um meine Teilnehmer zu begeistern.

8. Tipp:
„Sprich langsam, und artikuliere deine Sätze deutlich und unmissverständlich!"

Dieser Tipp wendet sich an die Schnellsprecher, die meist Endsilben verschlucken, und ganz schnell vieles loswerden wollen.

Kennst du solche Schnellsprecher? Gehörst du möglicherweise selbst zu dieser Kategorie? Dann hast du bestimmt schon des Öfteren gehört: „Kannst du das bitte noch mal sagen?" „Kannst du bitte etwas langsamer sprechen?"„Das letzte was du sagtest, habe ich nicht verstanden."

Schnellsprecher sind unangenehme Redner und Gesprächspartner, die selten strukturiert sprechen. Konzentriertes Zuhören fällt sehr schwer. Kurz: du bist nach wenigen Minuten geschafft.

Fazit:
Ob du eine Rede hältst, wichtige Gespräche oder Verhandlungen führst, deine Persönlichkeitswirkung wird der Verhaltensforschung entsprechend wie folgt bewertet:

60 % Körpersprache
(Gesten der Sicherheit + Unsicherheit!)

30 % Ausdrucksvermögen
(Das gesprochene Wort im Umgang mit sich selbst und anderen!)

10 % Sachlicher Inhalt
(Überzeugend argumentieren

Wie setzen wir die Instrumente und Werkzeuge der Rhetorik erfolgreich ein?

Selbstverständlich geht es nicht darum, dass du dich ausschließlich als Redner qualifizieren willst. Die folgenden fünf wesentlichen Instrumente und Werkzeuge der Rhetorik sind für Deine Gespräche und Verhandlungen genauso wichtig, wie in deiner Rede.

1. Augenkontakt (auch Blickkontakt genannt): Welche Emotionen kannst du mit deinen Augen ausdrücken:

Freude,

Staunen,
Energie,

Spaß,

Neugier,

Spannung,

Flirtbereitschaft,

Lust,

Bejahung,

Enttäuschung,

Zorn,

Hass,

Trauer,

Ablehnung,

Verneinung,

Leiden.

Übe vor einem Spiegel diese verschiedenen emotionalen Ausdrucksformen. Lerne mit deinen Augen zu sprechen!

2. Haltung

Wenn du deinem Gesprächspartner gegenüber stehst, setze mental das Stichwort „Magnetplatte" ein. Das bedeutet:

Du nimmst deine Grundposition ein (Füße schließen mit Beckenrand ab), und stelle dir vor, dass unter deinen Füßen eine Magnetplatte liegt. Diese hält dich fest am Boden. Erstaunlich, wie diese mentale Vorstellung deine Steh-Haltung verbessern wird.

3. Gestik

Die leicht verständliche und beste Definition: „Unterstreichung und Förderung des gesprochenen Wortes mit Armen und Händen!" Eine gute und gezielte Gestik steigert deine Argumentation und Überzeugung. Im Rahmen der Körpersprache ist Gestik ein beeindruckendes Wirkungsmittel nonverbaler Kommunikation.

Das ist leichter gesagt, als getan. Viele meiner Studierenden und Teilnehmer wissen oft nicht, wohin mit den Händen? Mache auf keinen Fall den Fehler, dass du dich an Kugelschreibern, Papieren, o. a. m. „festhältst", oder gar damit „spielst". Überlasse anderen die deutliche Sicht von Nervosität oder Unsicherheiten.

Ausgehend von deiner Grundposition (Haltung) im Stehen, lege beide Hände locker ineinander vor den Bauch. Nicht tiefer zum Hosengürtel oder Rock, und auch nicht höher in Richtung Brust. Jetzt sprichst du, und lässt betonend zu deinen Worten, die Arme und Hände nach vorne ‚fliegen'. Das wirkt lebendig und engagiert, betont deine Argumente und fördert deine Überzeugungskraft.

Wenn du deinem Gesprächspartner gegenüber sitzt, liegen Unterarme und Hände auf dem Tisch.

Für deine wirkungsvolle Gestik ist es wichtig, dass du beim Gestikulieren deine Unterarme anhebst, damit du nicht nur mit den Händen wedelst.

Innerhalb deiner Gestik hier noch einige Anregungen für den ‚Einsatz' deiner Hände: Ausführende Bewegungen müssen rund sein, damit du deinen Gesprächspartner symbolisch nicht ‚erschießt'.

Halten deine Finger entspannt und geschlossen. Keinerlei Verkrampfungen, oder die Hände sichtbar reiben. Hände stets offen nach außen zeigen. Das suggeriert Offenheit. Symbolische Hand-Gesten einsetzen, z.B. erhobener Daumen, oder Daumen und Zeigefinger als O.K.-Zeichen.

Hände weg vom Gesicht (Mund, Kinn, Nase).

Wenn es sich bei Ihrem Partner um Menschen handelt, die dir persönlich sehr nahe stehen, können Hände je nach Anlass auch berühren, streicheln, fühlen, tasten, u.a. mehr.

4. Mimik

Als Mimik werden die sichtbaren Bewegungen der Gesichtsoberfläche bezeichnet. Was glaubst du, wie viele Gesichtsmuskeln für deine Mimik einsetzbar sind? Es sind 17 Gesichtsmuskeln! Unsere Mimik ist unser emotionaler Grundspiegel.

Wir können uns freuen, ärgern, ekeln, schütteln, oder auch traurig sein, u. a. m. Jede Emotion ist uns ins Gesicht geschrieben. Mimik ist ein wichtiger Bestandteil der nonverbalen Kommunikation unserer Körpersprache, die nicht lügen kann (es sei denn, du bist Schauspieler). Mimik ist uns angeboren. Die beweglichsten Muskeln sind dabei Augen und Mund:

Mein Tipp: Übungen vor dem Spiegel sind ein gutes Training deine Mimik noch wirkungsvoller zeigen zu können.

5. Bandbreite (auchModulation)

Stimme und Sprache sind wichtige Instrument für Ihre Gespräche und Verhandlungen: Modulation bedeutet in der allgemeinen Linguistik "Gestaltung der Sprache". Hierzu gehören

- Sprechgeschwindigkeit,

- Klang,

- Lautstärke.

Ich trenne die Bandbreite in zwei Sprechformen: impulsiv + intensiv

Die Bestandteile der impulsiven Bandbreite:

schnell – hoch – laut
,Stimme heben' assoziieren wir mit:
Neugierde,

Spannung,
Erwartungen,
Fragen.

Die Bestandteile der intensiven Bandbreite:
langsam – tief – leise

Stimme senken' assoziieren wir mit:
Punkt setzen,
entscheiden,
beenden.

Dynamisiere mit deiner Stimme deine Sprache!
Wechsle zwischen laut und leise. Wer lauter spricht,
spricht gleichzeitig schneller und höher. Wer leise
spricht, spricht gleichzeitig langsamer und tiefer.

**Folgende Tipps für den Umgang mit deiner
Stimme und Sprache:**

- Richte deine Stimme immer nach vorne.

- Nutze die Bandbreite deiner Stimme (üben)!

- Sprich Endsilben deutlich aus.

- Betone die Aussagekraft eines Wortes.

- Die Interpunktion muss klar erkennbar sein

Wie baue ich mit der 5-Punkte-Formel eine Rede auf?

Die 5-Punkte-Formel ist für jeden Redeanlass geeignet!

Hier zunächst die Struktur der Rede:

1. Interesse wecken!

2. Sagen, worum es geht!

3. Begründen!

4. Beispiele nennen!

5. Aufforderung zum Handeln!

Du erkennst auf einen Blick, dass die „Begründungen" für deine Rede die kürzeste Zeit einnehmen. Bei einer beeindruckenden 7-Minuten-Rede, solltest du für den 3. Punkt „Begründen" höchstens 1 Minute verwenden!! Im Detail, an diesem Beispiel

2 Min. für „Interesse wecken"

1 Min. für „Sagen, worum es geht"

1 Min. für „Begründen"

2 Min. für „Beispiele nennen"

1 Min. für „Aufforderung zum Handeln"

Ich werde dir diese 5-Punkte-Formel mit einem konstruierten Beispiel verdeutlichen.
Stelle dir vor, du hältst für dein nächstes Meeting die Eröffnungsrede zum Thema:
„Chancen und Möglichkeiten für unsere Kunden!"

1. Interesse wecken!
Worum geht es in diesem Punkt hauptsächlich?
Es geht darum, dass du nicht einfach nur reden, sondern vielmehr FRAGEN stellst.
Natürlich erwartest du keine Antworten. Mit deinen Fragen willst du einzig und allein Aufmerksamkeit und Neugierde wecken, z. B.

Meine Damen und Herren, was bewegt mich, wenn ich heute an den Markt unserer Kunden denke?

Welche Chancen werden von unseren Marktpartnern noch viel zu wenig genutzt?

Wie können Sie als Verkaufsprofis unseres Hauses Ihre Kunden noch effizienter fördern und unterstützen

2. Sagen, worum es geht!
Hiermit bringst du die erzeugte Aufmerksamkeit und Neugierde auf den Punkt! Selbstverständlich wieder in Frageform!

Wundern Sie sich nicht auch darüber, dass unsere Kunden die Chancen eines Alleinstellungsmerkmals nicht erkennen und nutzen?

Warum setzen unsere Kunden die Ihnen zur Verfügung stehende Marketingstrategie nicht ein?

Was müssen wir in der Kommunikation der vielfältigen Möglichkeiten für unsere Kunden besser machen?

3. Begründen
In den Punkten 1 und 2 hast du Emotionen geweckt. Zur besseren ‚Verdauung' des bisher gesagten nennst du hierzu maximal zwei logische Gründe, z. B.

Es macht mich traurig, dass wir sehr viel Arbeit und Geld in unsere Marketingstrategie investiert haben, was bis heute zu wenig Ergebnisse zeigt.

Wir werden deshalb insbesondere unsere Verkäufer im Außendienst trainieren, damit Sie mögliche Barrieren bei Ihren Kunden von Anfang an beseitigen können.

4. Beispiele nennen!
Setze hier ausschließlich Erfolge ein! Auf keinen Fall negative Beispiele, die demotivierend wirken! Zum Beispiel:

Was mir sehr gut gefallen hat, war die Chart-Erarbeitung unseres Kollegen Meyer. Ein guter Ansatz, der sich vervielfältigen lässt.

Mehr als 50 positive Feedbacks von unseren Kunden zeigen deutlich, dass wir auf dem richtigen Weg sind.

Auf unserem Messestand in Frankfurt äußerten sich unsere beiden bedeutenden Marktbegleiter (Wettbewerber) anerkennend!

5. Aufforderung zum Handeln!
Grundsatz: Keine Rede ohne Aufforderung, oder Nennung eines erfolgreichen Ergebnisses! Natürlich kurz und ‚knackig', z. B.

Meine Damen und Herren, bitte gehen Sie jetzt in Ihre Arbeitsgruppen. Ich freue mich auf viele konstruktive Ideen und Anregungen, die wir nach der Auswertung direkt einsetzen können.

Ich danke Ihnen für Ihre Aufmerksamkeit!

In meiner Beispielrede ist dir sicherlich aufgefallen, dass ich im Tenor meiner Rede vorwiegend „ICH-Botschaften" angewandt habe?

Das ist ein „Geheimnis" für den Erfolg deiner Rede. Vermeide in jedem Falle „DU-Botschaften". Selbst das beste Ziel wird hierdurch zerstört.

Die Zettelmethode für das Gelingen deiner Rede,
Moderation oder Präsentation.

Anwendung:

1. Max. 3 - 5 Absätze einer Manuskriptseite zu einem Stichwort zusammenfassen

2. Max. 5 Stichworte/Kurzsätze auf einen Zettel schreiben.

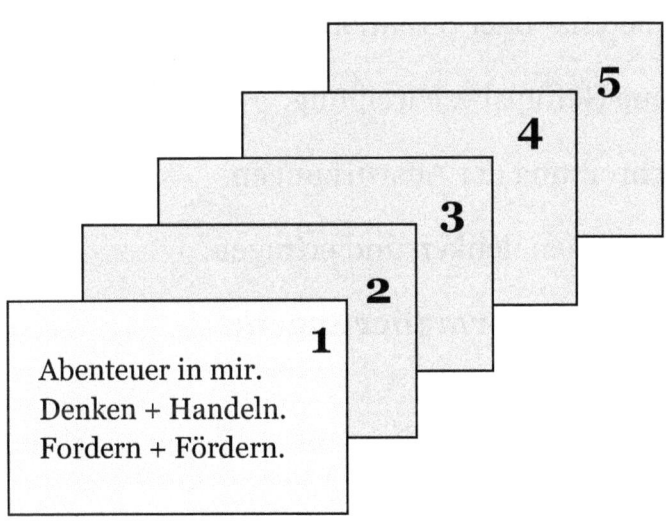

Was sind ICH- und DU-Botschaften?

ICH-Botschaften
haben das Ziel mit Menschen offen, fair und direkt umzugehen. Eine gute ICH-Botschaft ist realitätsbezogen und stellt Tatsachen in den Vordergrund. ICH -Botschaften beschreiben das Verhalten deines Gesprächspartners, und dessen Ziele, Wünsche, Sorgen und Probleme, ohne jegliche Wertung! Es sind vier Komponenten, die eine vollständige ICH-Botschaft beinhalten:

1. Verhaltens- oder Situationsbeschreibung.

2. Eigene Gefühlsbeschreibung.

3. Beschreibung der Auswirkungen.

4. In Lösungen denken und erfragen.

Gute Ansatz-Formulierungen:

Ich wünsche mir, ...
Ich denke, ...
Ich empfinde, ...
Ich möchte, ...
Ich ärgere mich, ...
Ich will ......
Ich kann ......
Ich werde ......
Ich verspreche Ihnen, ...

Mir fällt auf, ...
Mir ist bewusst, ...
Mich stört, ...
Meine Ziele sind ...

Diese „Sprachmuster" erhöhen deine Persönlichkeitswirkung und steigern deine Autorität!

DU-Botschaften
Stelle dir vor, jemand verwendet folgende Sprachmuster:

„*Lass das sein...*"= Befehlen
„Wenn Du so weiter machst, ..."= Drohen

„*So wie Du kann man ...*"= Belehren

„*Du bist ...*"= Urteilen

„*Warum musst Du immer ...*"= Verhören

„*Ich gebe Dir den guten Rat ...*"= Ratschlagen

Solche DU-Botschaften werden von deinem Gesprächspartnern als Herabsetzung oder Ablehnung
empfunden, die immer logische und psychologische
„Vergeltungs-maßnahmen" provozieren!

DU-Botschaften dringen meist negativ in das

Verhalten,
Fühlen,
Denken,
und Handeln deines Gesprächspartners ein.

DU-Botschaften sind für die oft dahinter stehenden Wünsche, Ziele, Sorgen oder Probleme deines Gesprächspartners nicht fördernd und nicht hilfreich.

Du wirst als rechthaberischer Besserwisser oder als aufdringlicher Lehrmeister empfunden! Eine physische und / oder psychische Ablehnung deiner Person ist meist die Folge.

Checkliste für die Vorbereitung einer Sach- oder Fachrede!

Ideen sammeln.
Stoffsammlung zum Thema.
Danach sortieren.

Wie fange ich an? (Einleitung

Bedeutung heute?
Wie aktuell?
Vergleiche früher – heute?

Was will ich sagen? (Hauptteil)

Wer?
Was?
Warum?
Was gibt es sonst noch?
Was spricht dagegen?
Was spricht dafür?

Wie enden? (Schlussteil)

Zusammenfassen!
Was kann daraus werden?
Kurz und knapp mit einem Appell odereiner Auffor-
derung schließen.

Wie kannst du „Gefühle" in deine Rede einbauen?

Das Geheimnis der Gefühle sind die Einwirkungen von Reizen auf unsere Sinnesorgane! Was sagte Charlie Chaplin? „Wir denken zu viel, und fühlen zu wenig!"

Jede Rede, jedes Gespräch, und jede Verhandlung wird privat wie beruflich von Gefühlen gesteuert! Deshalb gebe ich dir für deinen „Gefühlseinbau" in deine Rede folgende Tipps:

Setze emotionale Sprachmuster ein!

Gib auch von dir etwas preis, und sende Gefühle. (Wer das nicht tut, wird oft als langweilig und austauschbar wahrgenommen)

Punkte in deiner Rede mit deinen persönlichen und sozialen Fähigkeiten. (Kommunikative Kompetenz)

Gefühle zeigen ist die beste professionelle Pflege deines Namens.

Denke an die Worte von Heinz Rühmann: „Herzlichkeit kann man nicht spielen!"

Lampenfieber abbauen - aber wie?

Lampenfieber? Gehört zu einem guten Redner! Nur wer innerlich ‚aufgeladen' ist, bringt Dynamik und Durchsetzungsvermögen in seine Rede, Gespräche und Verhandlungen! Die Ursachen des Lampenfiebers liegen in der heutigen Gesellschaftssituation. Es zählen hauptsächlich äußere Werte, erfolgreiche und selbstsichere Menschen.

Die Erwartungen von außen sind somit hoch, und du als Redner oder Verhandlungsführender wirst mit diesem inneren Druck alleine gelassen. Du solltest ausdrucksstark und konzentriert sein und dabei die richtige Mischung zwischen Vertrautem und spannendem Neuen für das Publikum finden. Innere Ängste oder Nervosität interessiert keinen Zuhörer oder Verhandlungspartner.

Trotze dieser Erwartungshaltung!

Mit folgenden Tipps reduzierst du dein Lampenfieber:

Deine gute Vorbereitung ist entscheidend und gibt Sicherheit!

Denke in positiver Selbstbejahung!
"In Dir muss brennen, was Du in anderen entzünden willst!" (Augustinus)

Suggeriere dir Selbstbewusstsein!

Wenn du weißt, was du fürchtest, kannst du den Kampf' aufnehmen!

Ergreife jede Gelegenheit eine Rede halten zu können!

Iss vor deiner Rede nur eine Kleinigkeit! "Ein voller Bauch studiert nicht gern. – Ein Schlückchen in Ehren....."

Kurz vor deiner Rede – keine Korrekturen mehr!

Deine Zuhörer verzeihen kleine Schwächen gern!

Überprüfe vor deiner Rede die technischen Anlagen, und Ihre unterstützenden Hilfsmittel (PC, Beamer, Stichwortzettel, u.a.)

Gehe vorher auf die Toilette!

Atme unmittelbar vor Beginn deiner Rede durch die Nase aus- und dann leicht einatmen!

Richte deinen Blickkontakt an positive Zuhörer!

Lerne den ersten und letzten Satz auswendig!

Was blockiert meine rhetorischen Fähigkeiten?

1. Meine falsche Haltung gegenüber Problemen

2. Mein Mangel an Selbstvertrauen

3. Meine übertriebene Furcht vor Kritik

4. Mein Mangel an positiven Gefühlen

5. Meine Neigung zu schnellen Vorurteilen

6. Mein Gefühl der Abhängigkeit von anderen

7. Meine Gefühl keine Zeit zu haben

8. Mein Bedürfnis nach Vertrautem

9. Mein Wunsch oder Zwang nach Konformität

10. Meine Dominanz der praktischen Arbeit.

> *Alles Reden ist sinnlos,*
> *wenn dir das*
> *Vertrauen fehlt.*
>
> *Franz Kafka*

Feedback ist Beachtung, Wertschätzung und Respekt!

Feedback kann durch das gesprochene Wort und/oder über die Körpersprache zum Ausdruck gebracht werden. Oft teilen wir dem anderen unsere Wahrnehmung durch einen Blick, einen Gesichtsausdruck, eine Gestikbewegung oder nur durch Brumm- und Summlaute mit.

Was immer wir am anderen wahrnehmen und ihm gegenüber in irgendeiner Form zum Ausdruck bringen, ist Feedback. Die Art, wie das Feedback gegeben wird, entscheidet darüber, ob die Beachtung positiv oder negativ erlebt wird. Meine Kommunikation kann ich nur durch Feedback verändern und verbessern.

Durch Feedback

* erfahre ich, wie ich auf den anderen wirke

* erfahre ich, wie er das, was ich gesagt habe,

* aufgenommen und verstanden hat

* erfahre ich, wie ich es gesagt habe

* erfahre ich, wie er sich von mir behandelt fühlt

* erfahre ich, wie er zu mir steht

Durch Feedback sehe ich das Resultat meiner Handlung und bin dadurch in der Lage, mein Verhalten zu verändern und zu verbessern.

Die zwischenmenschlichen Begegnungen und Beziehungen können nur durch konstruktive Feedbacks verbessert werden. Ich bin darauf angewiesen, dass mir der Empfänger zwischenmenschliches Feedback gibt:

Durch zwischenmenschliche Feedbacks

sieht der Sender seine Wirkung und kann daraus lernen

kann der Feedback-Geber Gedanken und Gefühle aussprechen

kann gestörte Kommunikation gerettet werden

werden Störfaktoren offen gelegt und können gemeinsam beseitigt werden.

Richtiges Feedback geben bedeutet:

Sprich per ICH! - Die Vorteile der Ich-Botschaft:

Du bist ehrlicher

Du greifst die Persönlichkeit des anderen nicht an

Der andere kann dir unbetroffen zuhören

Es entfallen fruchtlose Diskussionen darüber, wer recht hat.

Sprich auch geringste Störfaktoren sofort durch Ich-Botschaften an!

z. B.: ich denke, ich fühle, ich wünsche mir, ich bin überrascht, u.ä.m.

Du überwindest globale Abrechnungen

Du "rastest"" nicht aus

Du förderst konstruktive Kritik

Du denkst in Lösungen

Sende positive Gefühle, z.B.:

Ich habe mich gefreut, dass

Ich habe bewundert, dass Sie ...

Ich lerne durch Sie ...

Ich will künftig ..

Beispiele für pfiffige Kurzreden

Wird man unerwartet gebeten, eine Rede zu halten, so erschrecke man nicht, sondern fasse sich. Aber kurz!

Heinz Erhard

Rede zum Geburtstag

Lieber ....!

Heute bin ich gerne und mit großer Freude gekommen. Der Anlass ist nicht nur Dein Geburtstag. Nein, es ist vielmehr Deine Persönlichkeit, die dafür gesorgt hat, dass alle Anwesenden Dir ganz persönlich gratulieren wollen.

Mit dem heutigen Tag startest Du in Dein .... Lebensjahr. Ich erinnere mich gerne an die Momente, in denen wir gemeinsam philosophiert, nachgedacht, und natürlich auch gelacht haben.

Gestern Abend dachte ich einmal länger über Dich nach, und auch darüber, was uns bisher immer verbunden hat.

Es ist, lieber .... , Deine hohe soziale Kompetenz. Ich weiß, dass es nicht immer leicht ist, der Familie, den Freunden und den Kollegen gleichermaßen gerecht zu werden.

Doch in den Jahren, die wir gemeinsam verbracht haben, bewunderte ich stets, wie Du es verstanden hast, Herz und Verstand in Gleichklang zu bringen. Heute weiß ich, dass es Deine menschlichen Wurzeln sind, die Dir von Deinen Eltern mit auf Deinen

Lebensweg gegeben wurden.

Du bist nicht Opfer, sondern Herr Deiner Stimmungen, und das, ohne Deine Gefühle zu verbergen.

Du, lieber ...., besitzt die Fähigkeit zuzuhören, und Dich konstruktiv mit dem Gehörten auseinander zu setzen.

Ich weiß, dass Du vielen Menschen ein wichtiger Ratgeber warst und bist. Und ich weiß auch, dass Du zu meinen eigenen wichtigen Lebensbausteinen zählst. Hierfür möchte ich Dir an Deinem heutigen Geburtstag von ganzem Herzen danken.

Deine Kraft, lieber .... , liegt in Deiner Besonnenheit, die Dir eigen ist. Ich spüre auch, dass Dir diese Anerkennung fast schon unangenehm ist.

Doch da, lieber .... , musst Du heute durch.

Liebe Gäste! Gibt es etwas Schöneres, einem Menschen, der uns ans Herz gewachsen ist, an seinem Geburtstag DANKE zu sagen? Mit Sicherheit nicht!

Deshalb ist ein Geburtstag für mich immer eine Jahresbilanz. Und ganz besonders freut mich, dass diese Bilanz für Dich, lieber .... , in der Tat nur erfreulich ausfallen kann.

Was wünsche ich mir zum Schluss, ohne in die üblichen Raster zu geraten?

Ich wünsche mir, dass Du mein Gesprächspartner und Ratgeber bleibst. Dann wünsche ich mir noch, dass wir beide dafür sorgen, dass unsere Freundschaft sich weiter bewährt und ausbaut.

Zum Schluss bitte ich alle Gäste ihr Glas in die Hand zu nehmen, und aufzustehen.

Lieber ....

Mein Trinkspruch von Emerson trifft auf Dich voll und ganz zu: „Ein Freund ist ein Mensch, vor dem man laut denken kann!"

Tischrede zur Kommunion/Konfirmation

Lieber ...., liebe Freunde, Verwandte und Gäste,

heute hat uns ein ganz besonderer Anlass zusammen geführt. Es gilt deshalb zunächst einmal Euch allen Dank zu sagen, dass ihr mit Eurem Kommen, unserem Sohn eine besondere Ehre erweist.

Ich habe lange recherchiert, was eine Kommunion in der heutigen Zeit bedeutet. Offen gesagt, habe ich dabei eine Vielfalt erfahren, dass ich es hier und heute auf einen gemeinsamen Nenner bringen möchte.

„Nach der Taufe, ist die Kommunion die endgültige Aufnahme in das katholische Christentum!"

Ja, auch wenn wir nicht jeden Sonntag in die Kirche gehen, legen meine Frau und ich großen Wert auf christliche Werte, die wir unserem Sohn mit auf seinen Lebensweg geben wollen.

Deine heutige Aufnahme in unsere christliche Gemeinschaft bedeutet auch für Dich, lieber Sohn, den Geist und Stil eines Christen zu leben. Und was bedeutet es für uns Erwachsene?

Welches Denken und Handeln wollen wir unserem Sohn mit auf den Weg geben? Welche Vorbilder und Leitbilder wollen wir gegenüber unserem Sohn vermitteln?

Dass ihr alle ein Herz für unseren Sohn habt, setze ich einfach voraus. Doch wünsche ich mir mehr, als nur ein „wie geht's"! Kinder in diesem Alter haben viele Fragen, sind neugierig, und manchmal sicherlich auch vorlaut. Hier bitte ich Euch künftig aktiv und positiv mitzuwirken.

Stellt Euch stets den Fragen unseres Sohnes, auch wenn diese noch so heikel sind. Nichts ist schlimmer, als „das erkläre ich Dir, wenn Du etwas älter bist"! Kinder wollen keine Verschiebungen, sondern klare Antworten.

Als Vater bin ich überzeugt, dass die Auseinandersetzung mit Kindern und das wirkliche Hin- und Zuhören bei Kindern mehr ankommt, als so manches Geschenk.

Kinder wollen mit ihren Sorgen, Problemen, Zielen und Wünschen ernst genommen werden. Und, liebe Freunde, hierauf haben sie auch ein Recht.

Unsere heutige Kommunionfeier soll uns das bewusst machen. Ich weiß auch, dass gerade wir als Eltern, gegenüber unserem Sohn in einer hohen Verantwortung stehen. Das wird uns mit Eurer Unterstützung gelingen.

Uns allen wünsche ich guten Appetit, ein fröhliches Miteinander, und gute Gespräche!

Lieber Sohn, alle guten Wünsche begleiten Dich auf Deinem künftigen Lebensweg! Und das Beste daran: Du wirst nie alleine sein!

Rede des Brautvaters zur Hochzeit seiner Tochter

Liebe *(Name der Braut)*,
lieber *(Name des Bräutigams)*,
liebe Familien, Freunde und Gäste!

Was ist ein Brautvater wirklich? Diese Frage ging mir gestern Abend durch den Kopf. Durch den Kopf gingen mir auch viele Bilder von Dir, liebe *(Braut)*. Es waren Bilder, die fest in meinem Herzen verankert sind. Bilder, die Deiner Mutter und mir, stets in

Erinnerung bleiben. So z.B. Dein erster Schultag, Deine ersten Freunde, Deine Liebe zur *(Hobby)* und vieles mehr, was wir als Deine Eltern miterleben durften.

Eine für uns wirklich aufregende Zeit waren die Jahre Deiner Pubertät. Welch eine Herausforderung für uns. Aus unserer lieben Tochter wurde manchmal ein regelrechtes Biest.

Doch wenn ich den heutigen Tag sehe, waren auch diese Jahre für Dich, liebe *(Braut)* ganz wichtig. Du hast Dich entwickelt. Auch wenn viele Menschen eine Wirbelsäule haben, hast Du für Dich das ganz wichtige Rückgrat gebildet. Aus Dir ist eine Frau geworden. Attraktiv. Begehrenswert und zielorientiert. Und offen gesagt: Wenn ich nicht heute noch in Deine Mutter verliebt wäre, ich würde Dich vom Fleck weg heiraten.

Mit dem heutigen Tag hast Du beschlossen einen eigenen Weg zu gehen. Du, mein lieber Schwiegersohn, wirst der neue und künftige Wegbegleiter unserer Tochter. Du übernimmst damit eine große Verantwortung für einen Menschen, den wir immer lieb haben werden. Ich bin sicher, dass es ein guter Weg sein wird. Wir haben Dich, lieber *(Name des Bräutigams)*, in der vergangenen Zeit sehr gut beobachtet. Heute sagen wir: Ja, wir sind von Dir und Deinen Lebenszielen überzeugt.

Und so, wie wir auf unsere Tochter stolz sind, wollen wir in Zukunft auch stolz auf Dich sein. Heute hat sich auch offiziell unsere Verwandtschaft vergrößert. Wir freuen uns, dass sich zwischen uns, liebe *(Mutter des Bräutigams)* und lieber *(Vater des Bräutigams)* freundschaftliche Bande geknüpft haben.*(gegebenenfalls noch Geschwister erwähnen)*.

Aus dem bisher mit Euch Erlebtem wissen wir, dass wir auf Euch zählen können. Deshalb mein Aufruf an Euch: Lasst uns künftig noch enger zusammen wachsen!

Liebe *(Name der Braut)*! Mit einem lachenden und weinenden Auge wünsche ich Dir heute ein Leben voller Zuversicht, und stets eine glückliche Hand für Deine Lebensentscheidungen, die noch vor Dir stehen. Du weißt, dass wir immer zu Dir stehen werden. Wir bitten Dich uns weiterhin das Vertrauen zu geben, welches Du bis heute in uns hattest.

Als Deine Eltern wissen wir, dass Du uns fehlen wirst. Andererseits ist das jedoch kein Verlust im eigentlichen Sinne. Ganz im Geigenteil.

Wir freuen uns für Dich, liebe *(Name der Braut)*. Wir freuen uns, dass Du glücklich bist, und diesen, Deinen ersten Hochzeitstag, den Du nie vergessen wirst.

Ihr beide, liebes Hochzeitspaar, seid ab heute Mitglieder eines erweiterten Familien-Netzwerkes, in dem ihr Wachsen und Werden könnt.

Liebe Freunde und Gäste! Ich möchte unserem Brautpaar und Euch allen noch eine kleine Weisheit als Trinkspruch mit auf den Weg geben. Hierzu bitte ich Euch alle das Glas zu erheben, und aufzustehen:

„Die Liebe ist der einzige Weg, auf dem Menschen zu einer Größe gelangen können!" Auf unser Brautpaar. Es lebe hoch, hoch, hoch!

Zum Autor

Nach seinem Psychologiestudium gründete Klaus-Peter Dreykorn 1975 das Institut für angewandte soziale Fähigkeiten, welches 1980 in ISF Management Consulting umbenannt wurde. 1985 kam die ISF RhetorikAkademie dazu.

Klaus-Peter Dreykorn war 18 Jahre Honorarprofessor an einer Dualen Hochschule und einer europäischen Universität. Er coacht, trainiert und berät Unternehmer, Führungskräfte und qualifizierte Mitarbeiter in den Kompetenzbereichen Führen, Reden und Verhandeln.

Aktuell lebt Klaus-Peter Dreykorn mit seiner Frau Eva Maria in Rheinland Pfalz und ist ehrenamtlich Präsident des Bundesverbands für Bildung in Schule, Studium und Beruf e.V.

Mehr als 40.000 Personen nahmen an seinen Seminaren, Trainings, Workshops und Coachings teil. Über 400 Unternehmen hat Klaus Dreykorn bis heute beraten. Klaus Dreykorn entwickelte diverse Erfolgsmethoden die er erfolgreich und praxisorientiert einsetzte.

Klaus-Peter Dreykorn ist Gründer der „Speakers Society ENB" und Kooperationspartner der TÜV-Süd Management Service GmbH, München

Weiterführende Literatur und Quellenverzeichnis:

Als Autor weise ich dich gerne auf die folgenden Bücher, Veröffentlichungen, Studien, Texte und Statements meiner sozialen und beruflichen Kontakte hin, die mir für die Entstehung dieses E-Books wichtig und nützlich waren:

Bach, George R.: "Streiten verbindet" (Amazon)
Berne, Eric: „Spiele der Erwachsenen" (Rowohlt Verlag)
Cerwinka/Schranz: „Die Macht des ersten Eindrucks." (Ueberreuter)
Czierwitzki, Manfred: „Positives Denken gezielt einsetzen" (Gondrom Verlag)
Dreykorn, Klaus: „Erfolgsreport" (ISF Management Consulting)
Dreykorn, Klaus: „Wertschätzung zwischen Mann und Frau" (E-Book, ISF)
Dreykorn, Klaus: „Kommunikations-Laboratorium."(ISF RhetorikAkademie)
Dreykorn, Klaus: „Entdecke die geheime Macht in dir!" (Shaker Media Verlag)
Dychtwald, Ken: „Körperbewusstsein." (Synthesis Verlag)
Engel, Wilhelm: „Script: Soziale Fähigkeiten", Königsteiner Akademie
Fast, Julius: „Körpersignale der Liebe." (Rowohlt-Verlag)

Freie Enzyklopädie (Wikipedia)

Glas, Lillian: „Sag doch einfach, was Du denkst!" (Oesch Verlag)

Harris, Thomas A.: „Ich bin o.k. – Du bist o.k." (Rowohlt Verlag

Herz, Eduard: „Vollendung im Geschlecht" (Glock und Lutz Verlag)

Jung, C. G.: „Typologie." (Deutscher Taschenbuch Verlag)

Langmaack, Barbara: „Themenzentrierte Interaktion." (Psychologie Verlags Union)

Lauster, Peter: „So stärken Sie Ihr Selbstbewusstsein" (Econ Verlag)

Matschnig, Monika: „Körpersprache verstehen." (Gabal Verlag)

Murphy, Joseph: „Die Macht Ihres Unterbewusstseins", Knaur Verlag)

Nissen, Rosita: „Die sexuelle Körpersprache." (Orion Verlag)

Peale, Norman Vincent: „Was Begeisterung vermag" (Orbis Verlag)

RoAne, Susan: „Sag doch einfach Hallo" (Oesch Verlag)

Skype-Cast-Moderatoren: Alpino, Clownfreek, Little Enzo (Nicknamen)

Stoll, Rudolf: Studienskripte

Vopel, Klaus und Renate: „Lebendiges Lernen und Lehren", (ISKO-Press, Hamburg)